초판 인쇄일 l 2013년 7월 22일
초판 발행일 l 2013년 8월 5일
초판 2쇄 발행일 l 2015년 1월 15일
지은이 l 김현정 (Heather Kim)
원어민 감수 l Andrew Arbuckle
발행인 l 박정모
발행처 l 도서출판 혜지원
주소 l (413-120) 경기도 파주시 회동길 445-4 (문발동 638)
전화 l 031)955-9221
팩스 l 031)955-9220
홈페이지 l http://www.hyejiwon.co.kr

편집진행 l 김형진
본문디자인 l 이미소
표지디자인 l 이미소
영업마케팅 l 김남권, 황대일, 서지영
ISBN l 978-89-8379-793-3
정가 l 13,000원

이 도서의 국립중앙도서관 출판시도서목록(CIP)은 서지정보유통지원시스템 홈페이지(http://seoji.nl.go.kr)와
국가자료공동목록시스템(http://www.nl.go.kr/kolisnet)에서 이용하실 수 있습니다.(CIP제어번호: CIP2013011355)

초단기 고득점 속성 **초고속**

왕초보
OPIc
START Intermediate 공략

김현정(Heather Kim) 지음

혜지원

머리말

필자가 6년째 OPIc 컨텐츠와 강의를 다루면서 제일 고민했던 부분이 바로 영어 왕초보들을 위한 학습법이었습니다. 취업, 승진 또는 그 이외의 목적으로 단기간에 목표 점수를 얻어야 하는 초급 수준의 수험생들에게는 OPIc의 많은 주제와 방대한 양의 기출 문제들이 부담스러울 수밖에 없습니다. 많은 시간을 들여 이런저런 문제를 많이 풀어보기에 영어 실력의 한계에 부딪힌다는 것을 필자는 누구보다 잘 알고 있었습니다. 그렇다면 이런 수험생들에게 가장 효과적이고 효율적인 OPIc 준비 학습법은 무엇일까?

바로 문제 유형별 패턴 학습과 비슷한 주제별 이야기설정이 해답이었습니다. OPIc에서 출제된 문제들을 분석해보면 시험의 한 세트에 장소 묘사, 사물 묘사, 경험 묘사, 롤플레이 등 각기 다른 유형들의 문제가 출제되는 것을 알 수 있습니다. 이런 유형들을 가장 잘 이야기할 수 있는 방법과 쉬운 표현 문장만 알면 어떠한 주제라도 쉽게 이야기를 끌어낼 수 있을 것입니다. 따라서, 각 유형별로 가장 쉬운 이야기 패턴을 미리 만들어, 그 패턴 문장에 주제에 맞는 단어만 대입해 이야기연습을 하면 쉽고 효율적으로 OPIc 문제에 접근할 수 있습니다.

OPIc은 미리 설문지를 통해 문제의 주제를 선택하는 만큼, 설문지를 어떻게 활용하느냐에 따라 쉽고 어렵기가 좌우될 수 있습니다. 수험생들은 각기 다른 취향과 관심사에 따라 주제를 선택하고 시험을 볼 수 있지만, 가장 효율적으로 단기간에 성과를 이루려면 쉽게 접근할 수 있는 비슷한 주제를 엮어 선택하고 그 주제들 안에서 다루어지는 이야기 설정을 미리 해두는 것이 좋습니다.

저는 수많은 OPIc 강의를 통해 많은 주제들을 다양하게 가르쳐왔고, 이 책에서 다룬 주제들이 가장 효과적이라는 것을 깨달았습니다. 따라서, 필자가 학생들을 가르치며 학생들이 가장 효과적으로 공부할 수 있었던 주제들로 이 책을 구성했습니다.

이 책에서는 가장 기본적인 답변 유형 패턴 15개를 Chapter 1에서 학습하고, 그에 따라 각 주제별로 유형 패턴을 적용해 이야기하는 방법을 다루었습니다. 책의 초반에서는 학습할 내용과 익숙하지 않은 문제 유형들 때문에 어려움을 느끼겠지만, 중·후반으로 갈수록 반복적인 유형 패턴과 이야기 구성으로 책을 보지 않고도 스스로 답변을 해 나갈 수 있는 쾌감을 느낄 것입니다. 또한, 늘어가는 문장력과 자연스러운 이야기 실력의 변화를 스스로 경험하게 될 것입니다.

이제 필자가 제시한 OPIc 노하우로 멋진 승부수를 내는 것은 여러분의 몫입니다. 시험장에서는 자신감을 가지고 큰 목소리를 내세요. 이 책을 통해 늘린 영어 말하기 실력을 도구로 삼아 시험장에서, 또는 실제 생활에서 하고 싶은 이야기를 자신감 있게 쏟아내기 바랍니다.

끝으로 『초고속 왕초보 OPIc START』가 나오기까지 많은 지지와 응원을 아끼지 않았던 가족들과 친구들, 그리고 제 학생들에게 깊은 감사의 말씀을 드립니다.

저자 김현정 (Heather Kim)

학습 계획표

★ 2주 완성 계획표

- OPIc Background Survey에서 미리 선택한 주제 검토 (p.22 참고)
- 자기소개, 오픽 유형별 문제 집중 공략 (Chapter 1)
- '부록: 시험 전 유형별 말하기 실전 연습' 집중 학습

학습 방법: ❶ 부록에 나와있는 순서로 Chapter 1의 답변 유형 패턴 학습 후,
그 패턴에 해당하는 문제를 집중 연습.
❷ 문제 연습 시 해당하는 답변 페이지에 가서 단어와 표현 등을 익히고 참고

		1일 __월__일	2일 __월__일	3일 __월__일	4일 __월__일	5일 __월__일	6일 __월__일
1주		자기소개, 가까운 사람 묘사하기	장소 묘사하기	특정 장소 좋아하는 이유 설명	구체적인 이유 설명	사물 묘사, 과정 설명하기	활동 패턴 묘사
		부록 p.230, 자기소개 p.64	부록 p.231	부록 p.232	부록 p.235	부록 p.234, 236	부록 p.237
		유형 패턴 1	유형 패턴 2	유형 패턴 3	유형 패턴 5	유형 패턴 4, 6	유형 패턴 7
		7일 __월__일	8일 __월__일	9일 __월__일	10일 __월__일	11일 __월__일	12일 __월__일
2주		최근 경험 이야기하기	관심 계기, 기억에 남는 경험 이야기하기	문제 해결 경험, 시간에 따른 변화	Role-play: 면접관에게 질문하기	Role-play: 제3자에게 질문, 상황 설명 후 대안 제시	돌발 주제 공략
		부록 p.239	부록 p.241, 242	부록 p.243, 244	부록 p.245	부록 p.246, 247	
		유형 패턴 8	유형 패턴 9, 10	유형 패턴 11,12	유형 패턴 13	유형 패턴 14, 15	Chapter 9

★ 4주 완성 계획표

- OPIc Background Survey에서 미리 선택한 주제 검토 (p.22 참고)
- 유형별 답변 패턴 익히기 학습
- 설문 선택 주제, 롤플레이 집중 공략
- '부록: 시험 전 유형별 말하기 실전 연습'으로 마무리 복습

학습 방법: ❶ 주제별로 공부하기 전에 Chapter 1의 유형별 답변 패턴 먼저 익히기
❷ 각 주제별로 필요한 어휘, 표현 학습 후, Chapter 1을 참고로 답변 연습
❸ 주제별, 유형별 학습이 끝난 후 시험 전 '부록'으로 총 복습하기

	1일 ＿월＿일	2일 ＿월＿일	3일 ＿월＿일	4일 ＿월＿일	5일 ＿월＿일
1주	오픽 유형 학습 1	오픽 유형 학습 2	오픽 유형 학습 3	주제별 학습: 나는 학생 (1)	주제별 학습: 나는 학생 (2)
	Chapter 1	Chapter 1	Chapter 1	Chapter 2	Chapter 2
	Unit 1-5	Unit 6-10	Unit 11-15	Unit 1, 2	Unit 3
	6일 ＿월＿일	**7일** ＿월＿일	**8일** ＿월＿일	**9일** ＿월＿일	**10일** ＿월＿일
2주	주제별 학습: 가족과 거주지	주제별 학습: 요리/집에서 보내는 휴가	주제별 학습: 영화와 공연	주제별 학습: 음악에 빠지기	주제별 학습: 공원에서 조깅
	Chapter 3	Chapter 3	Chapter 4	Chapter 5	Chapter 6
	Unit 1, 2	Unit 3, 4	Unit 1, 2	Unit 1, 2, 3	Unit 1, 2
	11일 ＿월＿일	**12일** ＿월＿일	**13일** ＿월＿일	**14일** ＿월＿일	**15일** ＿월＿일
3주	주제별 학습: 배드민턴과 자전거	주제별 학습: 해변으로 가요	주제별 학습: 국내 여행	롤플레이 1: 면접관에게 질문	롤플레이 2: 학교, 공원
	Chapter 6	Chapter 7	Chapter 7	Chapter 8	Chapter 8
	Unit 3, 4	Unit 1, 2	Unit 3	Unit 1	Unit 2, 3
	16일 ＿월＿일	**17일** ＿월＿일	**18일** ＿월＿일	**19일** ＿월＿일	**20일** ＿월＿일
4주	롤플레이 3: 영화, 파티, 쇼핑	돌발주제	돌발주제	최종 답변 연습 1	최종 답변 연습 2
	Chapter 8	Chapter 9	Chapter 9	부록	부록
	Unit 4, 5, 6	Unit 1-5	Unit 6-10	복습 및 최종 답변 연습	복습 및 최종 답변 연습

이 책의 특징

1. OPIc 베스트셀러 저자이자 최고의 강사가 집필한 왕초보를 위한 OPIc 필수 학습서

OPIc 베스트셀러 '한 달 만에 끝내는 OPIc' 시리즈의 저자(공동)가 최신 업그레이드한 콘텐츠로 다시 한 번 OPIc 노하우를 공개합니다.

2. 왕초보를 위한 쉬운 단어와 쉬운 문장만으로도 Intermediate 공략 가능

이 책에서 알려주는 쉽고 간단한 문장만으로 이야기의 흐름을 연결하면 완벽한 하나의 답변을 만들 수 있습니다.

3. 하나의 유형 패턴만 알아도 여러 가지 주제의 문제 답변 가능

하나의 유형 패턴만 익혀도 각 주제에 해당하는 단어와 표현만 대입하면 완전한 이야기로 여러 문제를 답변할 수 있습니다.

4. 이 책에서 다룬 15개의 유형 패턴 답변과 표현만으로 약 160개 이상의 OPIc 문제 공략 가능

각 주제에서 출제될 수 있는 유형이 정해져 있기 때문에 유형만 파악하고 이야기 패턴을 연습한다면 초보자 수준에서 받을 수 있는 문제들의 대부분을 답할 수 있습니다.

5. 가장 쉬운 설문 주제 선택과 이야기 설정

OPIc을 가장 쉽고 효율적으로 준비할 수 있도록 비슷한 주제들끼리 엮어서 문제를 다루고, 쉽게 풀어낼 수 있는 이야기 설정을 제시했습니다.

6. 기본적인 유형 패턴 답변으로 돌발 주제까지 공략

대부분의 초급 수험자가 어려워하는 돌발 주제도 문제 유형이 정해져 있기 때문에 15개의 유형 패턴만으로도 돌발 주제의 답변까지 대부분 공략이 가능합니다.

차례

Chapter 01 OPIc 유형 파헤치기

이 책의 학습 방법

〈1단계〉 Chapter 1. 유형 패턴 학습

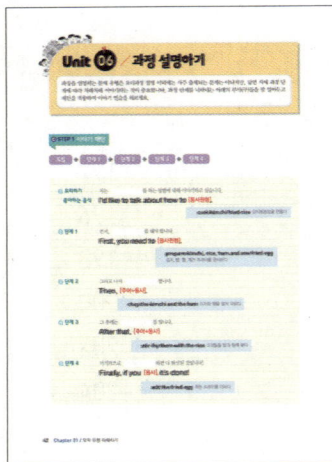

❶ 해당 Unit의 유형 패턴을 학습하고
이야기 흐름을 익힙니다.

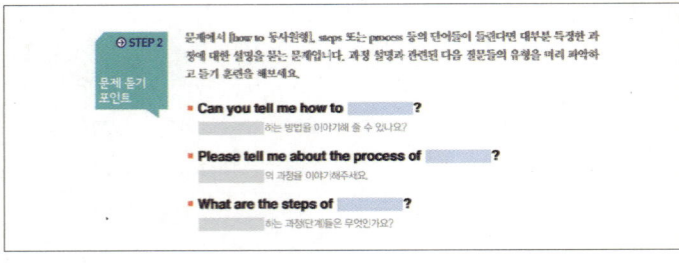

❷ 해당 유형을 다루는 문제의 질문들
을 살펴봅니다.

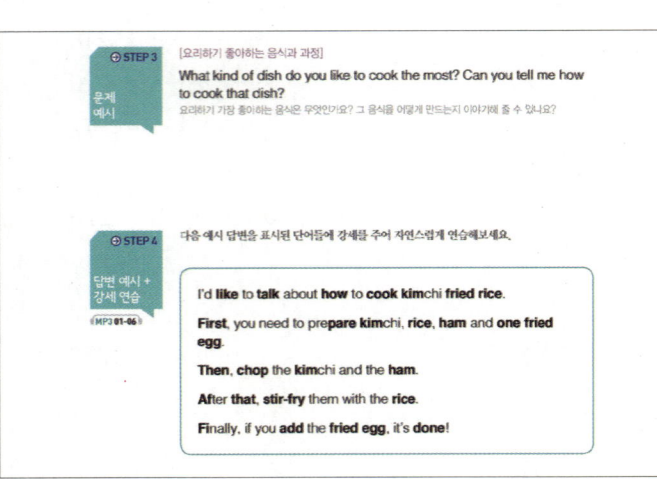

❸ 해당 유형의 실제 문제를 살펴보고,
앞에서 학습한 유형 패턴을 적용,
예시 답변을 학습합니다.

❹ 예시 답변의 음성 파일을 들으며,
표시된 굵은 글씨의 음절에 강세를
주며 발음과 강세를 자연스러워질
때까지 연습합니다.

〈2단계〉 Chapter 2~8. 유형 패턴 적용하여 선택 주제 문제 학습

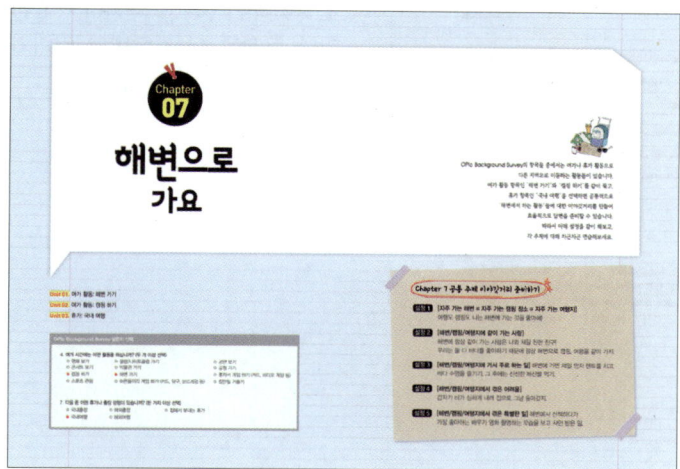

❶ **이야기 설정:** 해당 Chapter의 설문 선택 주제 항목 확인 후, 학습 방법 및 이야기 설정을 살펴봅니다.

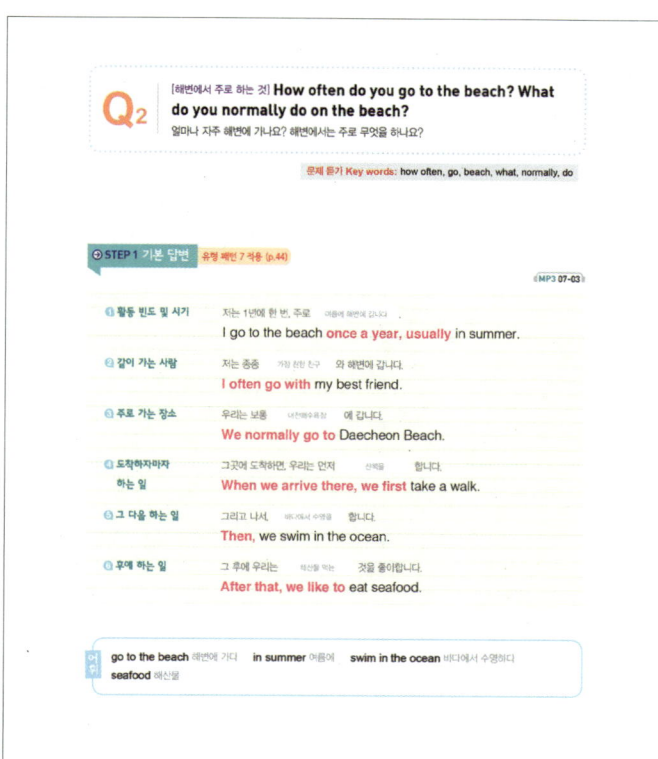

❷ **문제 파악:** Chapter의 각 Unit 주제에서 해당 문제의 key words를 참고하며 문제를 파악합니다.

❸ **기본 답변:** Chapter 1에서 학습한 유형 패턴을 참고로, 해당 문제의 기본적인 답변을 학습하고 연습합니다.

• 유형 패턴이 기억나지 않는다면 Chapter 1의 해당 유형 페이지로 이동

• IL- IM1 목표 시 기본 답변만 연습

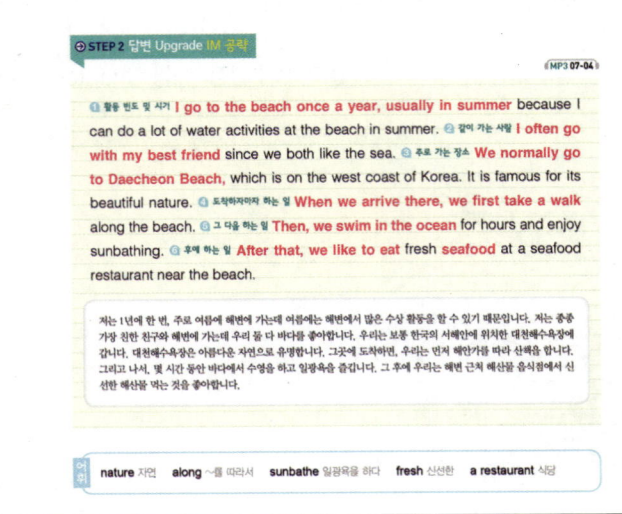

④ 답변 Upgrade: IM2 이상 목표 시 앞에서 공부한 기본 답변을 바탕으로 구체적인 정보를 추가하는 표현이나 문장을 더해 답변의 길이와 이야기 내용을 늘려 연습합니다.

⊕ STEP 2 답변 Upgrade IM 공략

(MP3 07-04)

① 활동 빈도 및 시기 **I go to the beach once a year, usually in summer** because I can do a lot of water activities at the beach in summer. ② 같이 가는 사람 **I often go with my best friend** since we both like the sea. ③ 주로 가는 장소 **We normally go to Daecheon Beach,** which is on the west coast of Korea. It is famous for its beautiful nature. ④ 도착하자마자 하는 일 **When we arrive there, we first take a walk** along the beach. ⑤ 그 다음 하는 일 **Then, we swim in the ocean** for hours and enjoy sunbathing. ⑥ 후에 하는 일 **After that, we like to eat** fresh **seafood** at a seafood restaurant near the beach.

저는 1년에 한 번, 주로 여름에 해변에 가는데 여름에는 해변에서 많은 수상 활동을 할 수 있기 때문입니다. 저는 종종 가장 친한 친구와 해변에 가는데 우리 둘 다 바다를 좋아합니다. 우리는 보통 한국의 서해안에 위치한 대천해수욕장에 갑니다. 대천해수욕장은 아름다운 자연으로 유명합니다. 그곳에 도착하면, 우리는 먼저 해안가를 따라 산책을 합니다. 그리고 나서, 몇 시간 동안 바다에서 수영을 하고 일광욕을 즐깁니다. 그 후에 우리는 해변 근처 해산물 음식점에서 신선한 해산물 먹는 것을 좋아합니다.

어휘 | **nature** 자연   **along** ~를 따라서   **sunbathe** 일광욕을 하다   **fresh** 신선한   **a restaurant** 식당

⑤ 표현 늘리기: 추가적으로 덧붙일 표현이나 자기 상황에 맞는 표현을 찾아 학습하고 답변에 활용합니다.

⊕ STEP 3 표현 늘리기: 해변에서 할 수 있는 활동

search for shells or crabs 조개나 게를 찾다
play beach volleyball 비치발리볼을 하다
camp 캠핑을 하다
float on the water in a tube 튜브를 타고 물에 떠다니다
have fun in the water 물놀이를 하다
ride on a banana boat 바나나 보트를 타다
swim in the ocean 바다에서 수영을 하다
go snorkeling/waterskiing 스노클링/수상스키를 하다
take a walk along the beach 해변을 따라 산책하다
sunbathe 일광욕을 하다
relax under the beach umbrella 파라솔에서 휴식을 취하다
make a campfire on the beach 해변에서 캠프파이어를 하다

〈3단계〉 Chapter 9. 유형 패턴 적용하여 돌발 주제 문제 학습

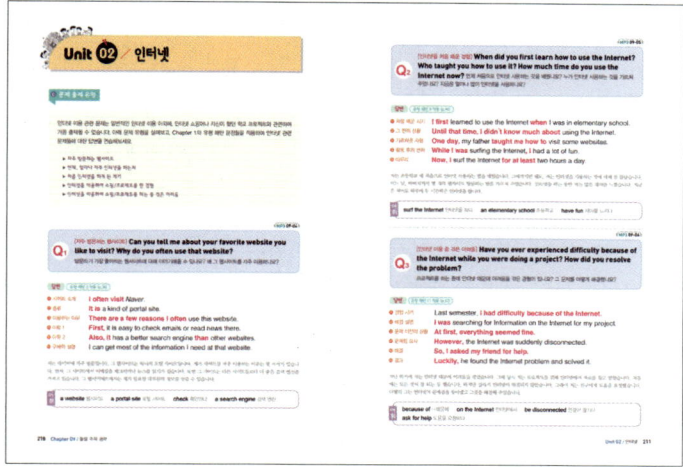

❶ **돌발 주제 문제 유형 확인:** 가장 자주 출제되는 돌발 주제의 문제 동향과 유형을 살펴봅니다.

❷ **유형 패턴 적용 문제 연습:** 해당 주제의 빈출 문제를 Chapter 1의 유형 패턴을 적용해 연습합니다.

〈4단계〉 시험 전 유형별 문제끼리 엮어 연습 및 복습

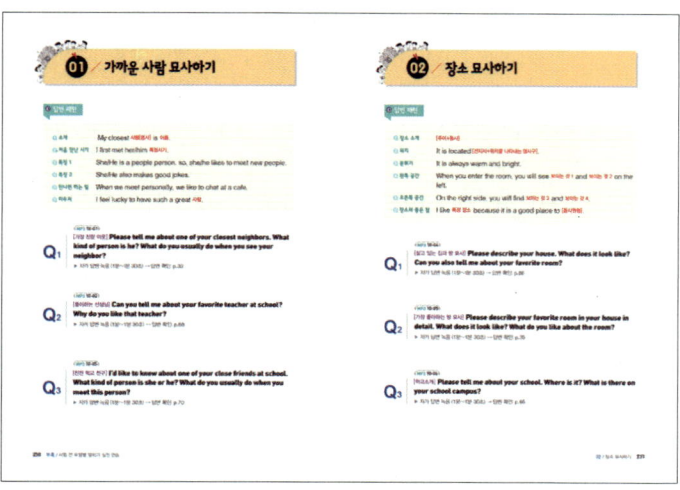

❶ **유형별 문제 녹음 연습:** 유형별로 주어진 문제를 듣고 답변을 녹음합니다.

❷ **답변 분석 및 복습:** 자신이 녹음한 답변과 책에 제시된 해당 문제 답변을 비교·분석하며 부족한 부분을 보충합니다.

OPIc 시험 정보

1. OPIc이란?

OPIc은 Oral Proficiency Interview-computer의 약자로, 컴퓨터를 기반으로 한 말하기 시험입니다. 단순히 문법이나 어휘, 영어 규칙 등에 대한 지식 여부를 측정하는 것이 아니라 응시자가 실제 생활에서 영어를 얼마나 효과적이고 적절하게 구사할 수 있는지 총체적으로 평가하는 언어 활용 능력 측정 시험입니다.

더 자세한 정보는 **OPIc homepage**에서 확인하실 수 있습니다.
▶ http://opic.or.kr/

2. OPIc의 특징

응시자 맞춤형 시험

OPIc은 응시자에게 자신의 관심 주제를 선택하게 하여 주어지는 일련의 언어 수행 과제에 초점이 맞추어진 시험입니다. 기존 어학 시험의 문제 은행식 평가와 달리 개인의 관심분야에 대한 설문(Background Survey)과 자신의 수준에 따른 문제 난이도 설정(Self-Assessment)을 통한 맞춤형 평가 방식입니다.

응시자를 배려한 시험

기존의 어학 시험과 달리 각 문항에 대한 질문을 두 번씩 들을 수 있습니다. 자칫하면 놓칠 수 있는 시험문제들을 다시 한 번 확인하고 답변할 수 있습니다. 또한 답변 시간을 조절할 수 있습니다. 전체 시험 시간은 40분이지만 각 문항에 대한 제한 시간이 없어 응시자가 스스로 답변 시간을 조절할 수 있습니다. 시험 중간에 스스로 문제의 난이도를 조절하는 기회를 주어 능동적으로 시험을 치를 수 있습니다.

3. 시험 시간과 문제 수

시험 시간	▪ 총 60분 ▪ 오리엔테이션 (20분), 본 시험 (40분)
문제 수	▪ 12문제~15문제 ▪ 난이도 1~2에서 12문제, 난이도 3~6에서 15문제 출제
답변 시간	▪ 본 시험 시간인 40분 (문제 듣기 시간 포함) ▪ 모든 문제의 답변을 40분 이내에 해야 하지만, 각 문제의 답변시간 제한 없음 ▪ 한 문제 권장 답변 시간 2분

4. OPIc의 등급

OPIc은 총 7개의 등급이 있으며, 대부분의 기업체에서 요구하는 등급은 IL, IM 등급입니다.

Level		레벨별 요약 설명
Advanced	Advanced LOW	사건을 서술할 때 일관적으로 동사 시제를 관리하고, 사람과 사물을 묘사할 때 다양한 형용사를 사용한다. 적절한 위치에서 접속사를 사용하기 때문에 문장 간의 결속력도 높고 문단의 구조를 능숙하게 구성할 수 있다. 익숙하지 않은 복잡한 상황에서도 문제를 설명하고 해결할 수 있는 수준의 능숙도이다.
Intermediate	Intermediate HIGH	개인에게 익숙하지 않거나 예측하지 못한 복잡한 상황을 만날 때, 대부분의 상황에서 사건을 설명하고 문제를 효과적으로 해결하곤 한다. 발화량이 많고, 다양한 어휘를 사용한다.
	Intermediate MID	일상적인 소재뿐 아니라 개인적으로 익숙한 상황에서는 문장을 나열하며 자연스럽게 말할 수 있다. 다양한 문장 형식이나 어휘를 실험적으로 사용하려고 하며, 상대방이 조금만 배려해주면 오랜 시간 대화가 가능하다.
	Intermediate LOW	일상적인 소재에서는 문장으로 말할 수 있다. 대화에 참여하고 선호하는 소재에서는 자신감을 가지고 말할 수 있다.
Novice	Novice HIGH	일상적인 대부분의 소재에 대해서 문장으로 말할 수 있다. 개인정보라면 질문을 하고 응답을 할 수 있다.
	Novice MID	이미 암기한 단어나 문장으로 말하기를 할 수 있다.
	Novice LOW	제한적인 수준이지만 영어 단어를 나열하며 말할 수 있다.

▶ Intermediate MID의 경우 MiD 1 〈 MID 2 〈 MID 3로 세분화하여 제공합니다.

5. OPIc 평가 방식

- 총체적 평가 방식으로 실질적인 어학능력 측정
- 언어적 요소와 기능적 측면을 모두 평가함으로써 언어적 요소만 평가하는 타 외국어시험과 차별화

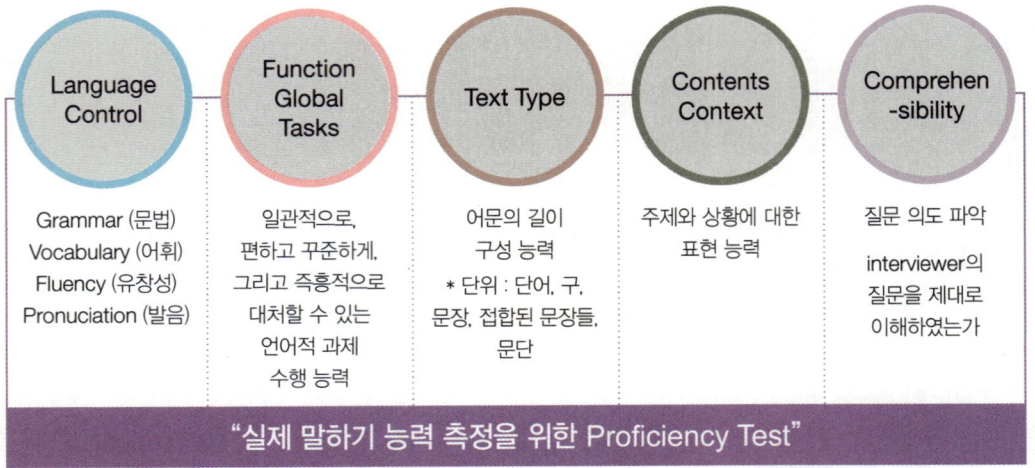

Language Control	Function Global Tasks	Text Type	Contents Context	Comprehen-sibility
Grammar (문법) Vocabulary (어휘) Fluency (유창성) Pronuciation (발음)	일관적으로, 편하고 꾸준하게, 그리고 즉흥적으로 대처할 수 있는 언어적 과제 수행 능력	어문의 길이 구성 능력 * 단위 : 단어, 구, 문장, 접합된 문장들, 문단	주제와 상황에 대한 표현 능력	질문 의도 파악 interviewer의 질문을 제대로 이해하였는가

"실제 말하기 능력 측정을 위한 Proficiency Test"

6. 시험 접수와 성적 확인

OPIc 시험은 매달 여러 차례 정해진 날짜에 서울을 포함한 각 지역에서 진행되며 접수는 http://www.opic.or.kr/ 사이트에서 가능합니다. 정기 시험의 응시료는 78,100원(VAT 포함)이며 접수 시 시험 장소도 선택할 수 있습니다. OPIc 성적은 시험 응시일 7일 이후(근무일 기준 5일) 온라인으로만 조회가 가능합니다.

25일 규정 변경 (2013년 3월 이후 적용)

개발기관인 ACTFL의 시험 규정에 따라 응시자는 OPIc을 25일 간격으로 응시할 수 있습니다. 단, 5개월 (150일)에 한 번씩은 날짜에 상관없이 연이어 시험에 응시할 수 있는 Waiver 기능을 사용할 수 있습니다.

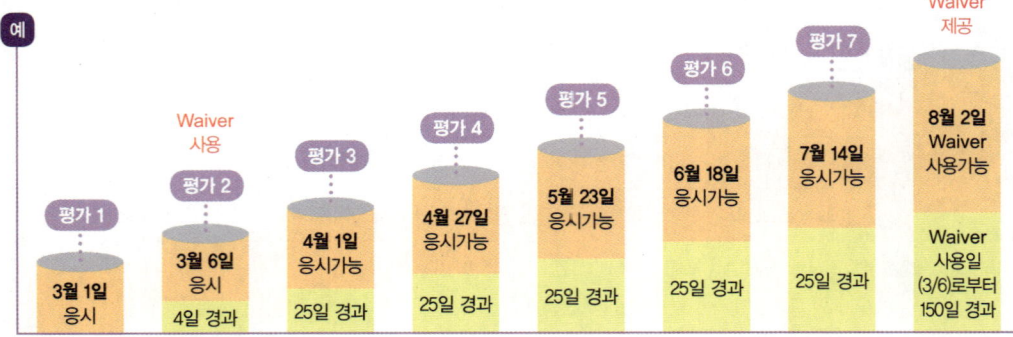

예

Waiver 제공

평가 1 — 3월 1일 응시

평가 2 — 3월 6일 응시 / 4일 경과 / Waiver 사용

평가 3 — 4월 1일 응시가능 / 25일 경과

평가 4 — 4월 27일 응시가능 / 25일 경과

평가 5 — 5월 23일 응시가능 / 25일 경과

평가 6 — 6월 18일 응시가능 / 25일 경과

평가 7 — 7월 14일 응시가능 / 25일 경과

8월 2일 Waiver 사용가능 / Waiver 사용일 (3/6)로부터 150일 경과

7. 시험 장소와 시험 환경

시험 장소는 시험 접수 시 선택 가능하며 그 자세한 위치 설명도 함께 볼 수 있습니다. 시험장에는 청취, 녹음이 가능한 헤드셋이 장착된 컴퓨터가 책상에 놓여 있고, 책상의 앞과 양 옆에는 칸막이가 있어 시험에 집중할 수 있도록 도와줍니다. 또한, 각 시험장에는 시험의 안내를 도와주고 감독하는 2~3명의 감독관들이 있습니다.

8. 시험 준비물과 시험 절차

시험 당일에는 규정 신분증(주민등록증, 운전면허증, 기간 만료 전 여권, 공무원증 등)을 반드시 지참해야합니다. OPIc은 말하기 시험이므로 필기도구 등은 필요하지 않으며 시험이 진행되는 동안에는 컴퓨터를 통해 시간을 확인할 수 있으므로 시계도 지참할 필요 없습니다.

아래 오리엔테이션, 시험을 포함한 시험절차에 대해 간단히 설명하겠습니다.

❶ 시험 시작 전, 감독관의 지시에 따라 컴퓨터 화면에 자신의 주민등록번호 입력

❷ 시험 진행에 사용될 언어 선택

❸ 녹음 기능에 이상 없는지 테스트

❹ Background Survey: 여러 항목들 중 자신과 관련 있는 분야 선택

❺ Self-Assessment: 샘플답안을 듣고 자신의 영어실력과 비슷한 등급을 선택하여 문제 난이도 조절

❻ [본 시험] 문제 청취 및 답변 녹음 Ⅰ

❼ 문제 난이도 재선택

❽ [본 시험] 문제 청취 및 답변 녹음 Ⅱ

❾ 시험 완료 후 녹음 파일 전송

OPIc 화면 구성과 진행 방식

오리엔테이션 (20분)

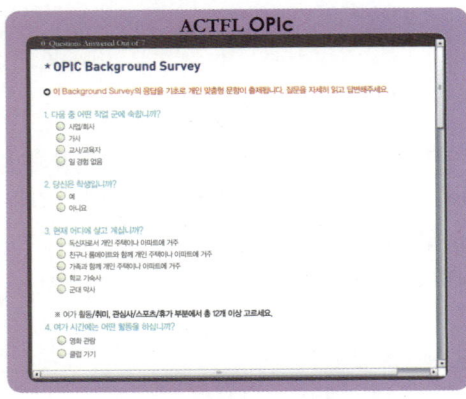

Background Survey

본인의 신분과 관심 분야 선택

자신의 신분(학생, 직장인 등), 거주지, 여가 활동 및 취미 등을 선택합니다. 선택한 주제 중 일부가 시험에 출제됩니다.

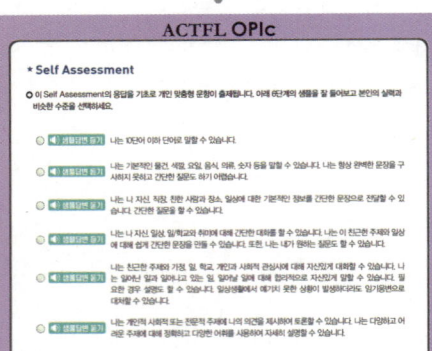

Self Assessment

시험 난이도 결정

6개 난이도의 샘플을 듣고 자신에게 맞는 시험 문제의 난이도를 직접 선택합니다.

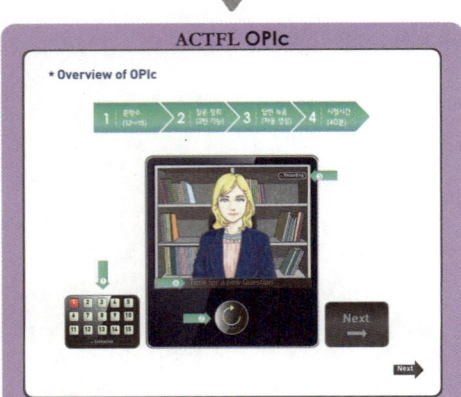

Overview of OPIc

문제를 듣고 답하는 방법 안내

화면의 구성과 문제를 청취하고 답변하는 방법이 안내됩니다.

First Session

본 시험 첫 번째 세션

- 자신이 선택한 주제와 난이도의 문제가 출제됩니다.
- 약 7문제가 출제됩니다.
- 질문은 두 번까지 들을 수 있습니다.
- 한 문제당 답변 제한시간은 없습니다.

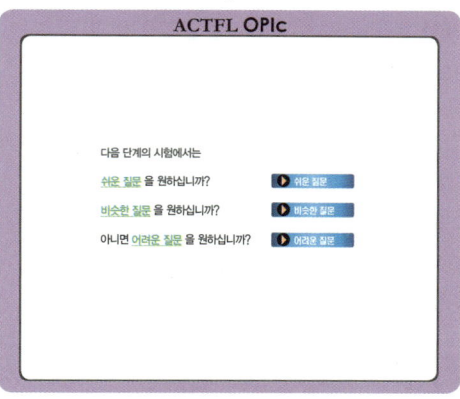

난이도 재조정

난이도 재조정

- 두 번째 세션 문제들의 난이도를 선택합니다.
- 쉬운 질문, 비슷한 질문, 어려운 질문 중 선택합니다.

Second Session

본 시험 두 번째 세션

- 재조정 후 난이도의 문제가 출제됩니다.
- 약 5~8문제가 출제됩니다.
- 시험 방식은 첫 번째 세션과 동일합니다.

Background Survey

OPIc Background Survey 항목입니다.
효율적인 시험 준비를 위하여 이 책에서는 전략적으로 미리 설문 주제를 선택했습니다.
자세한 공략법은 p.27을 참고해 주세요.

1. 현재 귀하는 어느 분야에 종사하고 계십니까?
- ○ 사업/회사
- ○ 가사
- ○ 교사/교육자
- ○ 군복무
- ○ 일 경험 없음

[사업/회사] 또는 [가사]를 고를 경우,

1.1. 현재 귀하는 직업이 있으십니까?
- ○ 네 ○ 아니오

1.1.1. 귀하의 근무 기간은 얼마나 되십니까? ('네'를 선택한 경우)
- ○ 첫직장 – 2개월 미만
- ○ 첫직장 – 2개월 이상
- ○ 첫직장아님 – 경험 많음

1.1.1.1. 귀하는 부하직원을 관리하는 관리직을 맡고 있습니까?
(2개월 이상 선택시)
- ○ 네   ○ 아니오

[교사/교육자]를 고를 경우,

1.1. 현재 귀하는 어디에서 학생을 가르치십니까?
- ○ 고등학교/대학교
- ○ 초등학교/중학교
- ○ 평생교육

[일 경험 없음]을 고를 경우, 바로 2번으로 이동

2. 당신은 학생입니까?
- ○ 네   ○ 아니오

[네]를 고를 경우

2.1 현재 귀하가 강의를 듣는 목적은 무엇입니까?
- ○ 학위 취득   ○ 전문 기술을 향상시키기 위한 평생 학습
- ○ 어학수업

[아니오]를 고를 경우

2.1 이전에 강의를 들은 목적은 무엇이었습니까?
- ○ 학위취득   ○ 전문 기술을 향상시키기 위한 평생 학습
- ○ 어학수업   ○ 수강 후 5년이 지남

3. 현재 어디에 살고 계십니까?

- ○ 독신자로서 개인 주택이나 아파트에 거주　　○ 친구나 룸메이트와 함께 주택이나 아파트에 거주
- ○ 가족 (배우자/자녀/기타 가족 일원)과 함께 주택이나 아파트 거주　　○ 학교 기숙사
- ○ 군대 막사

: 아래의 4~7번 문항에서 12개 이상을 선택해 주시기 바랍니다.

4. 귀하는 여가 활동으로 주로 무엇을 하십니까? (두개 이상 선택)

○ 영화보기	○ 클럽/나이트클럽 가기	○ 공연보기
○ 콘서트보기	○ 박물관가기	○ 공원가기
○ 캠핑가기	○ 해변가기	○ 스포츠 관람
○ 집안일 거들기	○ 술집/바에 가기	○ 카페/커피전문점에 가기
○ 게임하기 (비디오, 카드, 보드, 휴대폰 등)		○ 당구치기
○ 체스하기	○ SNS(페이스북,트위터,싸이월드 등)에 글 올리기	
○ 친구들에게 문자보내기	○ 시험대비 과정 수강하기	○ 뉴스를 보거나 듣기
○ 요리 관련 프로그램 시청하기	○ 차로 드라이브하기	○ 스파가기
○ 구직활동하기	○ 자원봉사하기	

5. 귀하의 취미나 관심사는 무엇입니까? (한개 이상 선택)

○ 아이에게 책 읽어주기	○ 음악 감상하기	○ 악기 연주하기
○ 혼자 노래부르거나 합창하기	○ 춤추기	○ 글쓰기(편지, 단문, 시 등)
○ 그림 그리기	○ 요리하기	○ 애완동물 기르기
○ 주식투자하기	○ 신문읽기	○ 여행 관련 잡지나 블로그 읽기
○ 사진촬영하기		

6. 귀하는 주로 어떤 운동을 즐기십니까? (한개 이상 선택)

○ 농구	○ 야구/소프트볼	○ 축구
○ 미식축구	○ 하키	○ 크리켓
○ 골프	○ 배구	○ 테니스
○ 배드민턴	○ 탁구	○ 수영
○ 자전거	○ 스키/스노우보드	○ 아이스 스케이트
○ 조깅	○ 걷기	○ 요가
○ 하이킹/트레킹	○ 낚시	○ 헬스
○ 태권도	○ 운동 수업 수강하기	○ 운동을 전혀 하지 않음

7. 다음 중 어떤 휴가나 출장 경험이 있습니까? (한 가지 이상 선택)

○ 국내출장	○ 해외출장	○ 집에서 보내는 휴가
○ 국내 여행	○ 해외 여행	

OPIc 문제 구성

1. 특징

- **자기소개 문제**: OPIc 시험에서 99%, 항상 1번으로 나오는 문제입니다.

- **선택 주제 문제**: Background Survey에서 선택한 주제들에 대한 문제가 한 시험 안에 다 출제되는 것이 아니라, 선택한 주제들 중 3~4개 정도만 나오는 것이 일반적입니다. 어떤 주제에 대한 문제들이 나올지 모르므로, 선택한 주제들에 대해서는 미리 이야깃거리를 모두 준비하는 것이 좋습니다.

- **Role-play 문제**: 선택한 주제와 관련되거나 그 외의 일반적인 상황에 대해 질문하거나 문제를 해결해야 하는 역할극 문제입니다. 보통 한 시험에 2~3개 이상이 출제되고, Eva에게 질문하는 문제의 경우 단독으로 출제되고, 어떤 상황과 관련하여 질문하거나 문제를 해결하는 역할극 문제는 2개 정도 연달아 나올 가능성이 큽니다.

- **돌발 주제 문제**: Background Survey에서 선택하지 않은 주제에 대한 문제들이 예고 없이 나오는 문제들을 돌발 주제 문제라고 합니다. 사회·문화 등과 연관된 주제들로 보통 한 시험에 한 돌발 주제와 관련된 2~3문제들이 연달아 출제됩니다.

- **콤보 문제**: OPIc의 한 시험 세트에는 보통 한 주제에 대해 2~3개의 문제들이 연달아 나오는 것이 특징입니다. 그러므로 한 주제 콤보 문제의 첫 번째 문제에서는 너무 많은 내용을 이야기하지 않는 것이 좋습니다. 두 번째, 세 번째 문제에 대한 답변에서도 더 많은 구체적인 정보를 제시할 수 있도록 나누어 이야기하는 연습을 하세요.

- **묶음 질문**: 각 문제 안에는 보통 2~3개의 질문이 연달아 나오게 됩니다. OPIc 문제는 가장 핵심적인 질문과 관련된 꼬리 질문(부가적인 질문)으로 구성되므로, 꼬리 질문들을 참고하여 전체적인 이야기를 하나의 답변으로 제시할 수 있도록 연습하세요.

2. OPIc 문제 출제 예시

[오리엔테이션 후 시험 시작]

1. Let's start the interview now. Please tell me something about yourself.

 ● 자기소개 문제

2. You indicated in the survey that you go to school. Please tell me about your school. Where is it located? What is there on your campus?

 ● 묶음 질문 예

3. Please tell me about one of your close friends at school. How and when did you meet your friend? What do you usually do with him or her?

 ● 선택 주제에 대한 콤보 문제

4. When was your first visit to your school? What did you do at that time? What was your first impression of the school? Please tell me about it in as much detail as possible.

5. You indicated in the survey that you like to go to the park. Please tell me about the park you often go to. What does it look like? Why do you often go there?

6. Please tell me about your typical day when you go to the park from beginning to end. What do you usually do at the park?

7. I also like to go to a park. Please ask me three or four questions about my favorite park to visit.

 ● Role-play 단독 문제

[**문제 난이도 조정**: 쉬운 질문, 비슷한 질문, 어려운 질문 중 하나 선택]

[난이도 조정 후 시험 재개]

8. Can you tell me about the seasons in your country? What's the weather like in each season?

9. What is the weather like today? How do you feel about the weather outside at this moment?

10. How has the seasonal weather in your country changed since you were a child?

돌발 주제에 대한
콤보 문제

11. You indicated in the survey that you like to cook. How often do you cook? When and where do you usually cook? I also want to know what kind of dishes you cook.

12. What kind of dish do you like to cook most? Can you tell me how to cook that dish?

13. How did you first become interested in cooking? From whom did you learn how to cook?

14. I'll give you a situation and ask you to act it out. You want to reserve a place to play soccer with your friends next weekend. Call the park's office and ask three or four questions to reserve the place.

선택 주제에 대한
Role-play 문제

15. I'm sorry, but you have a problem to resolve. You went to the place you reserved, but there are already some people playing soccer at that place. Call the park's office again, explain the situation and offer two or three options to solve the problem.

OPIc 시험 공략법

1. OPIc Background Survey 공략: 전략적으로 주제 선택하기

전략 1 – 직업은 '학생'으로!

오랜 직장 생활을 하고 있거나, 졸업 후 취업 준비를 하고 있는 수험생에게는 이 선택이 망설여질 수 있습니다. 하지만 설문조사가 점수에 상관없이 단지 문제 주제 선별을 위한 단계라는 점을 감안한다면, 이 선택이 더 현명할 수 있습니다. '학생'이란 주제로 출제되는 문제들은 비교적 직장 생활에 대한 문제보다 조금 더 쉽게 접근할 수 있는 문제가 출제되는 경향이 있습니다. 또한 학생도 직장인도 아닌 선택을 한다면 좀 더 많은 돌발 주제 문제들이 출제될 수 있으니, 전략적으로 '학생'을 선택하여 시험을 보는 것이 OPIc을 쉽게 풀어낼 수 있는 길입니다.

전략 2 – 하나의 답변으로 비슷한 주제를 공략!

OPIc의 많은 선택 항목 주제들 중에는 어휘나 표현만 바꾸어도 하나의 준비된 답변으로 비슷한 여러 주제를 공략할 수 있는 것들이 있습니다. 수험생들마다 다른 취향과 관심사가 있겠지만, 효율적으로 OPIc의 답변을 준비하려면 비슷한 주제들끼리 엮어 시험을 보는 것이 현명합니다. 다음의 비슷한 주제들을 숙지하고, 이 책 전반에 걸쳐 주제별로 답변을 학습하세요.

[주제 1] 집에서 하는 활동: 가족과 함께 살기, 요리하기, 집에서 보내는 휴가
[주제 2] 문화 생활: 영화 보기, 공연 보기
[주제 3] 음악: 음악 감상, 혼자 노래 부르거나 합창하기, 콘서트 가기
[주제 4] 공원에서 하는 운동: 공원 가기, 조깅, 걷기, 자전거, 배드민턴
[주제 5] 해변으로 가는 여행: 해변 가기, 캠핑 하기, 국내 여행

전략 3 – 비슷한 주제별로 이야기 설정을 미리 해둔다!

OPIc의 출제 경향을 살펴보면 한 시험에서 같은 설문 항목의 비슷한 주제에 대한 문제들이 중복으로 출제되는 경우가 드뭅니다. 따라서 비슷한 주제들을 묶어 이야기 설정을 같이 만들어 놓는다면 좀 더 쉽게 답변 이야기에 접근할 수 있습니다.

ex '음악 감상', '혼자 노래 부르거나 합창하기', '콘서트 가기'를 선택할 경우:

설정 1: 내가 제일 자주 듣고, 노래를 부르고, 콘서트에 가는 음악 장르는 '록음악'
설정 2: 나는 항상 윤도현의 노래를 자주 듣고, 따라 부르고, 윤도현의 콘서트에 자주 간다.

2. Self-Assessment 문제 난이도 선택 공략

자신에게 가장 알맞은 문제 수준 선택이 최선!

많은 수험생이 높은 단계의 문제를 선택할수록 점수가 잘 나올 것이라고 믿고 있지만, 자신의 수준에 맞추어 문제를 가장 잘 이해하고 쉽게 답할 수 있는 수준을 선택하는 것이 가장 좋은 방법입니다. 실제로 낮은 수준을 선택하더라도 답변의 수준이 높은 경우 높은 점수가 나오는 사례들이 있습니다.

- 난이도 1-2 선택: 주로 NH 수준의 수험생들이 많이 선택하는 단계로, 문제는 12개가 출제가 되며, NH가 목표이거나 듣기 실력이 부족하다면 이 단계를 선택하는 것이 좋습니다.
- 난이도 3-4 선택: 묘사, 설명, 경험 등에 걸쳐 일반적인 문제들이 출제되고, IL 등급을 목표로 하면 3, IM이상 등급을 목표로 하면 4를 선택하는 것이 좋습니다.
- 난이도 5-6 선택: 난이도 3-4보다는 조금 높은 말하기 기술을 요하는 문제 해결, 의견 제시, 비교 등의 문제 유형들이 자주 출제되고, IH-AL 등급을 목표로 할 때 선택할 수 있습니다.

3. 문제 듣기 공략

각 문제를 두 번씩 듣기!

문제의 답변에 대한 준비 시간이 없이 바로 답변 녹음이 시작되므로, 각 문제를 두 번씩 들음으로써 답변에 대한 이야기 구성을 미리 생각하는 연습을 해야 합니다.

- 첫 번째 문제 듣기: 문제 듣기 및 핵심 파악
- 두 번째 문제 듣기: 문제 키워드 확인 및 이야깃거리 생각

4. 효율적인 답변 공략

문제 유형을 파악하고 유형에 맞추어 답변 구성하기

OPIc 시험의 한 세트에 나오는 문제들은 대부분 장소, 인물, 사물, 활동 묘사나 경험, 기억에 남는 일, 문제 해결 등의 다양한 유형으로 출제됩니다. 이 책을 통해 각 유형별로 이야기를 어떻게 구성할지 공부하고, 그 요소 구성에 맞추어 천천히 이야기를 풀어나가도록 하세요.

ex 장소묘사 → 장소의 이름, 위치, 보이는 시설들이나 사람들, 장소의 장단점 등

큰 이야기 속에 구체적인 정보 제시하기

전체적인 뼈대에 구체적인 살을 붙이는 연습을 충분히 하세요. 한 답변 안에 더 많은 구체적 정보를 제시할수록 점수가 높아질 확률이 높습니다.

ex 최근에 공원에 다녀온 경험 이야기하기

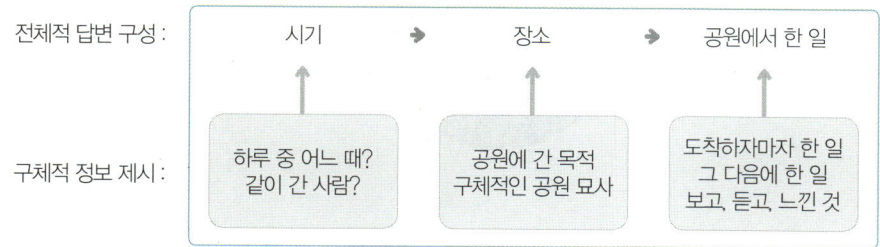

외운 내용이 생각나지 않을 때는 재빨리 다음 이야기로 넘어가기

미리 준비한 이야기의 내용이나 단어 및 표현이 생각나지 않을 경우에는, 그 부분을 알고 있는 쉬운 단어 및 표현으로 다시 바꾸어 말하거나, 재빨리 생각나는 다음 내용으로 넘어가는 것이 좋습니다. 외운 답변에 집착하여 시간을 지체하지 마세요.

5. OPIc 평가 요소 공략

듣기에 약하다면?

말하는 실력보다 듣기 실력이 약하다면, 주저하지 말고 본인의 말하기 실력보다 듣기 실력에 초점을 맞추어 문제 수준을 선택하여 시험을 보는 것이 유리합니다. 그래야 Comprehensibility(의사전달능력), Contents/context(주제표현능력) 부분에서 점수를 잃지 않을 수 있습니다.

문법 및 발음 등 영어 실력에 약하다면?

짧은 시간 안에 말하기 문법 및 발음 등을 향상시킬 시간이 없다면, 이야기하기 쉬운 답변 구성이나 내용에 우선순위를 두고, 자신의 가장 심각한 문법이나 발음 오류를 중심으로 차차 향상시켜나가는 연습을 합니다. Language control(언어수행능력) 이외의 다른 평가요소에서 더 많은 점수를 얻기 위해서는 이야기를 만드는 연습이 가장 많이 필요할 것입니다.

이야기 만들기가 쉽지 않다면?

문법이나 발음 등 언어실력의 문제보다 답변에서 하나의 이야기를 끌어가기가 쉽지 않다면, 각 주제별로 이야기요소들을 많이 생각하고 이야기 흐름 만드는 연습을 끊임없이 해야 합니다. 우선, 하고 싶은 이야기들을 한국어로 말하며 내용을 정리해보고 쉬운 영어로 바꾸어 차근차근 이야기를 만드는 연습을 해보세요.

Chapter
01

OPIc 유형
파헤치기

오픽은 자신이 선택하는 주제에 대한 답변을 모두 준비하고 시험을 치를 수 있지만,
그 많은 주제를 다 준비하고 시험장에 가기란 쉽지 않은 일입니다.
오픽의 문제들을 자세히 살펴보면 각기 다른 유형의 문제들이
한 세트에 구성되어 있는 것을 알 수 있습니다.
즉, 그 유형들을 파악하고, 각 유형에 맞추어 이야기하는 방법만 터득한다면
어떤 주제든 다 적용시켜 이야기할 수 있다는 것입니다.
Chapter 1에서는 이러한 유형들을 살펴보고,
유형별로 효과적으로 이야기할 수 있는 패턴을 학습하겠습니다.

Chapter 1 학습 방법

단계 1 각 유형 문제들에 대한 핵심 듣기 포인트를 파악한다.

단계 2 각 유형의 이야기 패턴을 파악하고 패턴 문장들을 학습한다.

단계 3 각 유형의 예시 답변을 확인하고, 표시된 단어에 강세들을 주어
자연스럽게 이야기하는 훈련을 한다.

TIP 문장 안에 강세를 주어야 할 단어
- 주요 내용을 담고 있는 명사, 동사, 형용사, 부사에 강세주기
- 새로운 내용을 담고 있는 주어, 목적어 등에 강세주기

Unit 01 / 가까운 사람 묘사하기

OPIc에서 각 주제와 연관된 인물들은 다양합니다. 거주지 관련 이웃사람, 가장 친한 친구, 좋아하는 선생님, 친한 반 친구들 등 자신과 가까운 사람들을 공통적으로 표현할 수 있는 이야깃거리는 무엇이 있는지 생각해보고 같이 묶어 이야기 연습을 해보세요.

● STEP 1 이야기 패턴

인물소개 → 처음 만난 시기 → 특징 1 → 특징 2 → 만나면 하는 일 → 마무리

❶ 소개

제가 가장 친한 ___는 ___입니다.

My closest 사람[명사] is 이름 ___.

ex neighbor 이웃사람   teacher 선생님   classmate 반 친구

❷ 처음 만난 시기

저는 ___에 처음 그/그녀를 만났습니다.

I first met her/him 특정시기.

ex when I was in high school 고등학교 때
two years ago 2년 전에

❸ 특징 1

그/그녀는 사교적인 사람입니다. 그래서 새로운 사람들을 만나는 것을 좋아합니다.

She/He is a people person, so she/he likes to meet new people.

❹ 특징 2

그/그녀는 또한 재미있는 농담을 잘합니다.

She/He also makes good jokes.

❺ 만나면 하는 일

우리는 개인적으로 만나면, 카페에서 수다를 떠는 것을 좋아합니다.

When we meet personally, we like to chat at a cafe.

❻ 마무리

저는 그런 좋은 ___를 만나서 행운인 것 같습니다.

I feel lucky to have such a great 사람 ___.

자신과 가까운 사람에 대해 물어보는 문제에는 아래와 같은 질문들이 묶여 출제되는 것이 일반적입니다. 인물 묘사와 관련된 다음 질문들의 유형을 미리 파악하고 듣기 훈련을 해보세요.

- **Please tell me about** 특정 인물 .

  　　　　　에 대해 이야기해주세요.

- **What kind of person is she/he?**

  그/그녀는 어떤 사람인가요?

- **What is she/he like?**

  그/그녀는 어떤 사람인가요?

- **What do you usually do when you see her/him?**

  그/그녀를 만나면 주로 무엇을 하나요?

[가장 친한 이웃 사람 묘사]

Please tell me about one of your closest neighbors. What kind of person is he? What do you usually do when you see your neighbor?

가장 친한 이웃 사람 중 한 명에 대해 이야기해보세요. 어떤 사람인가요? 그 사람을 만나면 보통 무엇을 하나요?

다음 예시 답변을 표시된 단어들에 강세를 주어 자연스럽게 연습해보세요.

My **clo**sest **neigh**bor is **Mr. Lee.**

I **first met** him **two years ago.**

He is a **peo**ple **per**son, so he **likes** to **meet new** people.

He **al**so makes **good jokes.**

When we **meet per**sonally, we **like** to **chat** at a ca**fe.**

I feel **lu**cky to **have** such a **great neigh**bor.

Unit 02 / 장소 묘사하기

특정한 장소의 모습을 묘사하는 방법을 잘 익혀두면 자신이 살고 있는 거주지, 방, 다니고 있는 학교, 강의실 등의 실내 장소부터 공원 등의 외부 모습까지 활용할 수 있습니다. 이와 같은 장소들의 특징을 잘 생각해 보고 이야깃거리를 패턴으로 연습해보세요.

⊙ STEP 1 이야기 패턴

장소 소개 → 위치 → 분위기 → 왼쪽 공간 → 오른쪽 공간 → 장소의 좋은 점

❶ 장소 소개   제가 가장 좋아하는 방은 _____ 입니다.

My favorite room is _____.

> ex **my bedroom** 내 방   **the living room** 거실

❷ 위치   그 방은   우리 집   의   왼쪽   에 위치해 있습니다.

It is located on the left side **of** my house **.**
[전치사+위치를 나타내는 명사구]

> ex **in the middle** 중간에   **on the right side** 오른쪽에

❸ 분위기   그곳은 항상 따뜻하고 밝습니다.

It is always warm and bright.

❹ 왼쪽 공간   방에 들어서면 먼저 _____ 와 _____ 가 왼쪽에 보입니다.

When you enter the room, you will see 보이는 것 1 [명사] **and** 보이는 것 2 [명사] **on the left.**

> ex **a bed** 침대   **a desk** 책상
> **a sofa** 소파   **drawers** 서랍장
> **a tea table** 탁자   **a closet** 옷장

❺ 오른쪽 공간   오른쪽에는 _____ 와 _____ 가 있습니다.

On the right side, you will find 보이는 것 3 [명사] **and** 보이는 것 4 [명사].

❻ 장소의 좋은 점   저는 제 방이 좋습니다. 왜냐하면 _____ 하기에 좋은 장소이기 때문입니다.

I like my room because it is a good place to [동사원형].

> ex **relax** 쉬다

특정 장소 묘사에 대해 물어보는 문제에는 아래와 같은 질문들이 묶여 출제되는 것이 일반적입니다. 장소 묘사와 관련된 다음 질문들의 유형을 미리 파악하고 듣기 훈련을 해보세요.

- **Please describe** [특정 장소] **in detail.**
  [   ]에 대해 자세히 묘사해주세요.

- **What does it look like?**
  그곳은 어떻게 생겼나요?

- **What is there?**
  그곳에는 무엇이 있나요?

- **What can you see there?**
  그곳에서 무엇을 볼 수 있나요?

[가장 좋아하는 방 묘사]

Please describe your favorite room in your house in detail. What does it look like? What do you like about the room?

살고 있는 집에서 가장 좋아하는 방을 자세히 묘사해보세요. 그곳은 어떻게 생겼나요? 그 방의 좋은 점은 무엇인가요?

다음의 예시 답변을 표시된 단어들에 강세를 주어 자연스럽게 연습해보세요.

My **fa**vorite **room** is my **bed**room.

It is **lo**cated on the **left side** of my **house.**

It is **al**ways **warm** and **bright.**

When you **en**ter the **room**, you will see a **bed** and a **desk** on the **left.**

On the **right side,** you will **find** a **clo**set and **drawers.**

I **like** my **room** because it is a **good** place to re**lax.**

Unit 03 / 특정 장소 좋아하는 이유 설명

OPIc Background Survey에는 자신이 선택한 활동과 관련된 친근한 장소와 그 장소 방문 이유를 묻는 문제가 자주 출제됩니다. 자주 가는 영화관, 극장, 콘서트홀, 공원, 해변, 캠핑 장소 등과 같은 장소들의 특징을 잘 생각해보고 공통적으로 방문 이유를 이야기할 수 있도록 패턴으로 연습해보세요.

→ STEP 1 이야기 패턴

장소 소개 → 위치 → 특징 → 이유 1 → 이유 2 → 마무리

---

❶ 장소 소개

저는 _____ 에 자주 갑니다.

I often go to 장소 이름[명사].

ex **Borame Park** 보라매 공원

❷ 위치

그곳은 _____ 에 위치해 있습니다.

It is located in 지역.

ex **Seoul** 서울 **in my neighborhood** 우리 동네

❸ 특징

그곳은 _____ 에게 인기 있는 장소입니다.

This place is very popular with 특정 사람들[복수형 명사].

ex **young people** 젊은 사람들
families 가족들

❹ 가게 된 이유

제가 그 곳에 자주 가는 이유는 몇 가지가 있습니다.

There are a few reasons I often go there.

❺ 이유 1

먼저, 그곳은 우리 집에서 아주 가깝습니다.

First, it is very close to my house.

❻ 이유 2

또한, 그곳은 다른 _____ 보다 더 좋은 시설들을 갖추고 있습니다.

Also, it has better facilities than other 장소[명사].

❼ 마무리

전반적으로, 그곳은 _____ 하기에 좋은 장소입니다.

Overall, it is a good place to [동사원형].

ex **relax** 쉬다
spend my free time 여유 시간을 보내다

자주 방문하는 특정 장소 묘사와 그 이유에 대해 물어보는 문제에는 아래와 같은 질문들이 묶여 출제되는 것이 일반적입니다. 다음 질문들의 유형을 미리 파악하고 듣기 훈련을 해보세요.

- **Please tell me about the ⬜⬜⬜ you often go to.**
  자주 방문하는 ⬜⬜⬜ 에 대해 이야기해주세요.

- **Can you tell me about ⬜⬜⬜ you like to go to?**
  가길 좋아하는 ⬜⬜⬜ 에 대해 이야기해줄 수 있나요?

- **Where is it?**
  그곳은 어디에 있나요?

- **Why do you like to go there?**
  왜 그곳에 가는 것을 좋아하나요?

[자주 가는 공원 묘사]

Can you tell me about a park you often visit? Where is it? Why do you like to go there?

자주 가는 공원에 대해 말해줄 수 있나요? 그 공원은 어디에 있나요? 왜 그곳에 가는 것을 좋아하나요?

다음의 예시 답변을 표시된 단어들에 강세를 주어 자연스럽게 연습해보세요.

> I **of**ten **go** to **Bo**rame **Park.**
>
> It is **lo**cated in **Seoul.**
>
> This place is very **po**pular with **fa**milies.
>
> There are a **few rea**sons I **of**ten **go** there.
>
> **First**, it is **very close** to my **house.**
>
> **Al**so, it has **bet**ter fa**ci**lities than other **parks.**
>
> Over**all**, it is a **good** place to re**lax.**

Unit 04 / 사물 묘사하기

자신이 사용하거나 가지고 있는 사물에 대한 문제도 종종 출제되는 문제입니다. 사물의 생김새와 용도를 비롯해, 그 사물에 대해 좋아하는 점들을 정리하여 이야기할 수 있도록 패턴으로 연습해보세요.

⊙ STEP 1 이야기 패턴

사물 소개 → 구입 시기 → 구입 이유 → 외관 → 용도 → 의견

① 사물 소개

저는 _____ 에 대해 이야기하고 싶습니다.

I'd like to talk about 특정 사물[명사].

> ex **my smartphone** 내 스마트폰 **my desk** 내 책상
> **my bicycle** 내 자전거

② 구입 시기

저는 그것을 _____ 때 샀습니다.

I bought it 특정 시기[명사구].

> ex **two years ago** 2년 전에 **last year** 작년에

③ 구입 이유

이전의 것이 너무 오래되어 구입했습니다.

I got it because my previous one was too old.

④ 좋아하는 점

저는 제 새로운 _____ 가 좋은데, 특히 외관이 좋습니다.

I like my new 사물[동사], especially the appearance.

⑤ 외관

그것은 검정색이고, 현대적인 외관을 가지고 있습니다.

It is black and has a modern look.

⑥ 용도

저는 그것을 주로 _____ 할 때 사용합니다.

I usually use it when I [동사].

사물과 관련된 문제에는 그 사물의 구입 시기나 외관, 좋아하는 점 등의 질문들이 주로 묶여 출제됩니다. 다음 질문들의 유형을 미리 파악하고 듣기 훈련을 해보세요.

- **What does it look like?**
  그것은 어떻게 생겼나요?

- **When did you buy it?**
  그것을 언제 구입했나요?

- **What do you like about ▨▨▨▨?**
  ▨▨▨▨에 대해 어떤 점이 좋은가요?

STEP 3

**문제
예시**

[가장 좋아하는 가구]

Can you tell me about your favorite furniture in your home? What is it?
What does it look like?

집에서 가장 좋아하는 가구에 대해 이야기해줄 수 있나요? 무엇인가요? 그것은 어떻게 생겼나요?

STEP 4

**답변 예시 +
강세 연습**

MP3 01-04

다음 예시 답변을 표시된 단어들에 강세를 주어 자연스럽게 연습해보세요.

I'd **like** to **talk** about my **desk.**

I **bought** it about **three years** a**go.**

I **got** it because my **pre**vious one was **too old.**

I **like** my **new desk,** e**spe**cially the ap**pear**ance.

It is **black** and has a **mo**dern **look.**

I **u**sually **use** it when I **do** my as**sign**ments at **home.**

Unit 05 / 구체적인 이유 설명 (음악/영화)

OPIc Background Survey에서 '영화보기', '음악감상', '노래하기'를 선택하면, 좋아하는 영화/음악 장르와 그 이유 설명과 관련된 문제가 자주 출제됩니다. 이러한 문제에 대비하기 위해 좋아하는 장르와 사람에 대한 이유들을 잘 정리하고 다양하게 적용하여 이야기할 수 있도록 패턴을 훈련해보세요.

⊙ STEP 1 이야기 패턴

좋아하는 장르 → 이유 → 그 장르에서 좋아하는 사람 → 이유 → 마무리

❶ 좋아하는 장르

저는 ____ 를 가장 좋아합니다.

I like 장르[명사] the most.

> ex **action movies** 액션 영화　**dance music** 댄스 음악

❷ 좋아하는 이유

저는 이 영화/음악 을 볼/들을 때마다 스트레스가 풀립니다.

Whenever I [동사], I relieve stress.

> ex **watch action movies** 액션 영화를 보다
> **listen to dance music** 댄스 음악을 듣다

❸ 좋아하는 가수

제가 좋아하는 영화배우/가수 는 이름 입니다.

My favorite 사람[명사] is 이름.

> ex **movie star** 영화배우　**singer** 가수

❹ 이유 1

저는 그/그녀의 매력적인 외모와 목소리가 좋습니다.

I like his/her attractive voice and appearance.

❺ 이유 2

또한, 그/그녀의 ____ 는 언제나 훌륭합니다.

Also, her/his [명사] are always excellent.

> ex **movies** 영화　**songs** 노래

❻ 마무리

전반적으로 그/그녀는 정말 좋은 ____ 입니다.

Overall, he/she is such a great 직업[명사].

특정 장르와 그에 관련된 좋아하는 사람에 대해 물어보는 문제에는 아래와 같은 질문들이 묶여 출제되는 것이 일반적입니다. 다음 질문들의 유형을 미리 파악하고 듣기 훈련을 해보세요.

- **What type/kind of** _____ **do you like to** _____ ?
  어떤 장르의 _____ 를 좋아하나요?

- **Why do you like that type of** _____ ?
  왜 그 장르의 _____ 를 가장 좋아하나요?

- **Who is your favorite** _____ ?
  가장 좋아하는 _____ 는 누구인가요?

[좋아하는 음악 장르와 가수]

What type of music do you like to listen to? I'd also like to know about your favorite singer or composer.
어떤 장르의 음악 듣기를 좋아하나요? 또한, 가장 좋아하는 가수나 작곡가도 알고 싶어요.

다음 예시 답변을 표시된 단어들에 강세를 주어 자연스럽게 연습해보세요.

I **like dance** music the **most**.

Whenever I **li**sten to **dance** music, I re**lie**ve **stress**.

My **fa**vorite **sing**er is **PSY**.

I like his at**tract**ive **voice** and ap**pear**ance.

Also, his **songs** are **al**ways **ex**cellent.

Over**all**, he is such a **great sing**er.

Unit 06 / 과정 설명하기

과정을 설명하는 문제 유형은 요리과정 설명 이외에는 자주 출제되는 문제는 아니지만, 답변 시에 과정 단계에 따라 차례차례 이야기하는 것이 중요합니다. 과정 단계를 나타내는 아래의 부사(구)들을 잘 알아두고 패턴을 적용하여 이야기 연습을 해보세요.

STEP 1 이야기 패턴

도입 ➔ 단계 1 ➔ 단계 2 ➔ 단계 3 ➔ 단계 4

① **요리하기**   저는   를 하는 방법에 대해 이야기하고 싶습니다.
    좋아하는 음식   I'd like to talk about how to [동사원형].

         ex cook kimchi fried rice 김치볶음밥을 만들다

② **단계 1**   먼저,   를 해야 합니다.
    First, you need to [동사원형].

         ex prepare kimchi, rice, ham and one fried egg
         김치, 밥, 햄, 계란 프라이를 준비하다

③ **단계 2**   그리고 나서   합니다.
    Then, [주어+동사].

         ex chop the kimchi and the ham 김치와 햄을 잘게 자르다

④ **단계 3**   그 후에는   를 합니다.
    After that, [주어+동사]

         ex stir-fry them with the rice 그것들을 밥과 함께 볶다

⑤ **단계 4**   마지막으로   하면 다 완성된 것입니다!
    Finally, if you [동사], it's done!

         ex add the fried egg 계란 프라이를 더하다

문제에서 [how to 동사원형], steps 또는 process 등의 단어들이 들린다면 대부분 특정한 과정에 대한 설명을 묻는 문제입니다. 과정 설명과 관련된 다음 질문들의 유형을 미리 파악하고 듣기 훈련을 해보세요.

- **Can you tell me how to ▨▨▨▨▨▨?**

  ▨▨▨▨▨▨하는 방법을 이야기해 줄 수 있나요?

- **Please tell me about the process of ▨▨▨▨▨▨?**

  ▨▨▨▨▨▨의 과정을 이야기해주세요.

- **What are the steps of ▨▨▨▨▨▨?**

  ▨▨▨▨▨▨하는 과정(단계)들은 무엇인가요?

[요리하기 좋아하는 음식과 과정]

What kind of dish do you like to cook the most? Can you tell me how to cook that dish?

요리하기 가장 좋아하는 음식은 무엇인가요? 그 음식을 어떻게 만드는지 이야기해 줄 수 있나요?

다음 예시 답변을 표시된 단어들에 강세를 주어 자연스럽게 연습해보세요.

> I'd **like** to **talk** about **how** to **cook kim**chi **fried rice**.
>
> **First**, you need to pre**pare kim**chi, **rice**, **ham** and **one fried egg**.
>
> **Then**, **chop** the **kim**chi and the **ham**.
>
> **Af**ter **that**, **stir-fry** them with the **rice**.
>
> **Fi**nally, if you **add** the **fried egg**, it's **done**!

Unit 07 / 활동 패턴 묘사
(전형적인 하루/전·후에 하는 일)

각 주제마다 특정 활동과 관련하여 '보통 언제, 어디에서, 누구와, 무엇을' 등에 대해 묻는 질문이 나온다면, 그 활동의 일반적인 패턴에 대해 묻는 문제입니다. 6하원칙을 바탕으로 자신이 하는 여가/취미 활동 습관이나 패턴에 대해 이야기 패턴으로 연습해보세요.

→ STEP 1 이야기 패턴

활동 빈도 및 시기 ➜ 같이 하는 사람 ➜ 주로 가는 장소 ➜ 도착하자 마자 하는 일 ➜

그 다음 하는 일 ➜ 후에 하는 일

---

❶ 활동 빈도 및 시기

저는 ＿＿＿＿＿ 에 한 번, 주로 주말에 ＿＿＿＿＿ 를 합니다.

I 활동[동사] once a 기간[명사], usually on weekends.

> ex once a week 일주일에 한 번
> once a month 한 달에 한 번
> once a year 일 년에 한 번

❷ 같이 하는 사람

저는 종종 ＿＿＿＿＿ 와 ＿＿＿＿＿ 를 합니다.

I often 활동[동사] with my 사람.

❸ 주로 가는 장소

우리는 ＿＿＿＿＿ 를 위해 보통 ＿＿＿＿＿ 에 갑니다.

We normally go to 특정 장소[명사] for 활동[명사형].

❹ 도착하자 마자 하는 일

그곳에 도착하면, 우리는 먼저 ＿＿＿＿＿ 를 합니다.

When we arrive there, we first 활동[동사].

❺ 그 다음에 하는 일

그리고 나서 ＿＿＿＿＿ 합니다.

Then, we 활동[동사].

❻ 후에 하는 일

＿＿＿＿＿ 후에 우리는 ＿＿＿＿＿ 하는 것을 좋아합니다.

After 활동[명사형], we like to 활동[동사원형].

활동 패턴과 관련된 문제에는 usually, generally, normally 등의 단어와 함께, 6하원칙의 질문 how often, when, where, with whom, what으로 시작되는 질문들이 엮여 출제됩니다. 또한, 문제 속에서 typical day라는 말을 들을 경우 전형적인 활동 패턴을 묻는 문제임을 지각하고 6하원칙을 바탕으로 차분히 이야기를 풀어가세요.

■ **Please tell me about your typical day when you** ▨▨▨▨.

▨▨▨▨ 하는 때의 전형적인 하루에 대해 이야기해주세요.

■ **What do you normally do before and after** ▨▨▨▨**?**

▨▨▨▨ 의 전과 후에는 보통 무엇을 하나요?

■ **Who do you usually** ▨▨▨▨ **with?**

보통 누구와 ▨▨▨▨ 를 하나요?

■ **How often do you** ▨▨▨▨**?**

얼마나 자주 ▨▨▨▨ 를 하나요?

[조깅 할 때의 전형적인 하루]

What do you normally do before and after jogging? Please tell me about your typical day when you go jogging.

조깅 전·후에는 보통 무엇을 하나요? 조깅을 하러 갈 때의 전형적인 하루에 대해 이야기해주세요.

다음 예시 답변을 표시된 단어들에 강세를 주어 자연스럽게 연습해보세요.

I **go jog**ging **once** a **week**, **u**sually on **week**ends.

I **of**ten **go** with my **best friend**, **Yoonkyung**.

We **nor**mally **go** to **Han Ri**ver **Park** for **jog**ging.

When we ar**rive** there, we **first do a warm-up ex**ercise.

Then, we **jog** for **one hour**.

After **jog**ging, we like to **talk** about our **days** on a **bench**.

Unit 08 / 최근 경험 이야기하기

OPIc에는 다루어지는 모든 주제 활동과 관련하여 최근 경험을 묻는 문제 유형이 있습니다. 이러한 문제 유형에 대비하여 최근 했던 활동에 대한 시기, 장소, 한 일, 느낌 등을 포함해 이야기하는 패턴을 학습하고 연습해보세요.

→ STEP 1 이야기 패턴

경험 시기/같이 한 사람 → 장소 묘사 → 한 일 1 → 당시 묘사 → 한 일 2 → 마무리

❶ 경험 시기/같이 한 사람

　　　　때, 저는　　　　와　　　　를 했습니다.

구체적 시기[명사구], I **[동사의 과거형]** with **사람**.

> **ex** Last week, I went to the movies with my best friend.
> 지난주에 저는 제일 친한 친구와 영화를 보러 갔습니다.

❷ 장소 묘사

우리는　　　　에 갔는데, 그곳은 많은 사람들로 붐볐습니다.

We went to **특정 장소[명사]**, and it was very crowded.

❸ 한 일 1

도착하자마자, 우리는　　　　를 했습니다.

As soon as we arrived, we **활동[동사의 과거형]**.

> **ex** bought water and watched the movie, *Iron Man* 물을 사고, '아이언 맨' 영화를 봤다

❹ 당시 묘사

그　　　　는 굉장히 좋았습니다.

The **[명사]** was awesome!

> **ex** the story of the movie 영화의 줄거리

❺ 한 일 2

　　　　후에, 우리는　　　　했습니다.

After **활동[명사형]**, we **활동[동사의 과거형]**.

> **ex** the movie 영화　**ex** had dinner 저녁을 먹었다

❻ 마무리

정말　　　　한 하루였습니다.

It was such a **[형용사]** day.

> **ex** fun 재미있는

→ STEP 2

문제 듣기 포인트

문제에서 [the last time you+동사의 과거형]이나 recently 등의 문구가 들린다면 대부분 가장 최근에 한 활동에 대한 경험담을 묻는 것입니다. 또한 아래와 같은 6하원칙 질문들이 묶여 과거시제로 출제되는 것이 일반적입니다. 최근 경험 묘사와 관련된 다음 질문들의 유형을 미리 파악하고 듣기 훈련을 해보세요.

- **When was the last time you _____?**
  당신이 마지막으로 _____ 했던 적은 언제인가요?

- **Who did you _____ with?**
  누구와 _____ 했었나요?

- **Where did you go for/to _____?**
  _____ 를 위해/하기 위해 어디에 갔나요?

- **What did you do there?**
  그곳에서는 무엇을 했나요?

→ STEP 3

문제 예시

[최근에 영화를 본 경험]

When was the last time you went to the movies? What movie did you see, and who did you watch the movie with?
가장 최근에 영화를 보러 갔던 경험에 대해 이야기해주세요. 어떤 영화를 봤고, 누구와 그 영화를 봤나요?

→ STEP 4

답변 예시 + 강세 연습

(MP3 01-08)

다음 예시 답변을 표시된 단어들에 강세를 주어 자연스럽게 연습해보세요.

Last week, I **went** to the **mo**vies with my **best friend**.

We **went** to the **CGV** in **Yongsan**, and it was **very crowd**ed.

As soon as we ar**rived**, we **bought wa**ter and watched the **mo**vie, *Iron Man*.

The **mo**vie **story** was **awe**some!

After the **mo**vie, we **had di**nner.

It was such a **great day**.

Unit 09 / 관심 계기/처음 경험 이야기하기

OPIc Background Survey에서 선택한 여가, 취미활동과 관련하여 처음에 관심을 갖게 된 계기나 처음 경험을 묻는 문제는 자주 출제되는 유형 중 하나입니다. 관심을 갖게 된 시기와 계기, 영향을 준 사람 등에 대해 이야기하는 패턴을 학습하고 연습해보세요.

⊙ STEP 1 이야기 패턴

경험 시기 ➔ 그 전의 상황 ➔ 관심을 갖게 된 사건 ➔ 영향을 준 사람 ➔
활동 후의 변화 ➔ 마무리

❶ 경험 시기
저는 _____ 때 처음으로 _____ 했습니다.
I first [동사의 과거형] + 구체적 시기[명사구].

> **ex** I first rode a bicycle five years ago. 저는 5년 전에 처음으로 자전거를 탔습니다.

❷ 그 전의 상황
그 때까지만 해도, 저는 _____ 에 대해 잘 몰랐습니다.
Until that time, I didn't know much about [명사형].

> **ex** riding a bicycle
> 자전거 타는 것

❸ 관심을 갖게 된 사건
어느 날, _____ 가 재미로 자전거 타는 것을 제안했습니다.
One day, 특정 사람 suggested [명사형] for fun.

> **ex** bicycle riding 자전거 타기

❹ 영향을 준 사람
그/그녀는 제게 _____ 하는 방법을 가르쳐 주었습니다.
He/She taught me how to [동사원형].

> **ex** balance on a bicycle 자전거에서 균형을 잡다

❺ 활동 후의 변화
_____ 하면서, 저는 스트레스가 풀리는 것을 느꼈습니다.
While I was [동사 진행형], I felt that I relieved stress.

❻ 지금의 활동 패턴
지금은 적어도 _____ 에 한 번 정도 _____ 를 합니다.
Now, I 활동[동사] at least once a [기간].

> **ex** a week 일주일

STEP 2

문제 듣기 포인트

문제에서 [the first time you+동사의 과거형] 이나 [first became interested in+명사형] 등의 문구가 들린다면 처음이나 관심을 갖게 된 계기에 대한 경험담을 묻는 것입니다. 관심 계기 및 처음 경험 묘사와 관련된 다음 질문들의 유형을 미리 파악하고 듣기 훈련을 해보세요.

- **When was the first time you** ▨▨▨▨**?**

  처음으로 ▨▨▨▨▨ 했던 적은 언제인가요?

- **How did you first become interested in** ▨▨▨▨**?**

  ▨▨▨▨ 에 관심을 갖게 된 적은 언제인가요?

- **Who taught you how to** ▨▨▨▨▨**?**

  누가 ▨▨▨▨▨ 하는 방법을 가르쳐 주었나요?

- **How did you feel when you** ▨▨▨▨**?**

  ▨▨▨▨▨ 했을 때 느낌은 어땠나요?

STEP 3

문제 예시

[처음 자전거를 배운 경험]

When was the first time you rode a bike? Who taught you how to ride it?

자전거를 처음 탄 적은 언제인가요? 누가 자전거 타는 법을 가르쳐 주었나요?

STEP 4

답변 예시 + 강세 연습

MP3 01-09

다음 예시 답변을 표시된 단어들에 강세를 주어 자연스럽게 연습해보세요.

I **first rode** a **bi**cycle **five years ago**.

Until that **time**, I didn't know **much** about **ri**ding a **bi**cycle.

One day, My **boy**friend sug**gest**ed **bi**cycle **ri**ding for **fun**.

He **taught** me **how** to **ba**lance on a **bi**cycle.

While I was **ri**ding a **bi**cycle, I **felt** that I re**lie**ved **stress**.

Now, I **ride** a **bi**cycle at least **once** a **week**.

Unit 10 / 기억에 남는 (특별한) 경험 이야기하기

OPIc과 관련된 모든 주제에는 기억에 남거나 특별한 경험에 관련된 문제가 있습니다. 특히 12~15문제 중 하나 이상은 꼭 출제되는 문제 유형이니, 모든 주제에서 일어날 수 있는 특별한 사건을 하나 준비하여 이야기 패턴을 적용하는 연습을 하세요.

→ STEP 1 이야기 패턴

경험 시기 → 배경 설명 → 발단 → 전개 → 절정 → 결말

1 경험 시기
저는 _____ 에 기억에 남을 만한 일을 경험했습니다.
구체적 시기 [명사구], I had a very memorable experience + 장소[명사구].
ex in my neighborhood 동네에서

2 배경 설명
그때 당시 저는 _____ 를 하고 있었습니다.
At that time, I was [동사의 진행형].
ex taking a walk 산책을 하다

3 발단
갑자기 사람들의 환호 소리를 들었습니다.
Suddenly, I heard some people cheering.

4 전개
저는 궁금해서 소리를 따라갔습니다.
I was curious, so I followed the sound.

5 절정
놀랍게도 제가 제일 좋아하는 배우가 그곳에서 영화촬영을 하고 있었습니다!
Surprisingly, my favorite actor was shooting a movie there!

6 결말
저는 매우 신이 나서 그의 사인을 받았습니다.
I was very excited, and I got his autograph.

7 마무리
그 날을 잊을 수 없을 것입니다.
I will never forget that day.

문제에서 memorable, special, unexpected 또는 interesting 등의 단어가 들린다면 주제 관련 활동 중에 겪은 특별한 경험에 관해 묻는 문제입니다. 기억에 남거나 특별한 경험담과 관련된 다음 질문들의 유형을 미리 파악하고 듣기 훈련을 해보세요.

- **Please tell me about a memorable experience you've had when you ▨▨▨▨▨.**
  ▨▨▨▨▨했을 때 겪은 기억에 남는 경험에 대해 이야기해주세요.

- **Did anything interesting or unexpected happen?**
  재미있거나 예기치 못한 일이 일어났나요?

- **What happened?**
  무슨 일이 일어났었나요?

- **Why was it so memorable?**
  왜 그 경험이 기억에 남나요?

[동네에서 겪은 기억에 남는 일]

Please tell me about a memorable event that happened in your neighborhood. What was it? Why was it memorable?
동네에서 있었던 기억에 남는 사건에 대해 이야기해 주세요. 무슨 일이 있었나요? 왜 그 일이 기억에 남나요?

다음 예시 답변을 표시된 단어들에 강세를 주어 자연스럽게 연습해보세요.

Last month, I had a very **me**morable ex**pe**rience in my **neigh**borhood.

At that **time**, I was **taking** a **walk**.

Suddenly, I **heard** some **peo**ple **chee**ring.

I was **cu**rious, so I **fol**lowed the **sound**.

Sur**pri**singly, my **fa**vorite **ac**tor was **shoo**ting a **mo**vie there!

I was **very** ex**ci**ted, and I **got** his **au**tograph.

I will **never** for**get** that **day**.

Unit 11 / 문제 해결 경험 이야기하기

문제 해결 경험에 관한 문제는 한 주제의 콤보 문제에서 마지막 부분이나, 상황 역할 문제(Role-play)와 엮어 출제되는 경향이 있습니다. 문제 이전의 배경 설명부터, 문제점과 해결과정까지 자연스럽게 이어 말할 수 있도록 이야기 패턴을 연습해보세요.

⊙ STEP 1 이야기 패턴

경험 시기 ➡ 배경 설명 ➡ 문제 이전의 상황 ➡ 문제점 묘사 ➡ 해결 ➡ 결과

---

① 경험 시기

_____ 때, 저는 _____ 에 문제가 있었습니다.

구체적 시기[명사구], I had difficulty in 문제 대상[명사구].

> ex doing my project 프로젝트

---

② 배경 설명

그때 당시 저는 _____ 를 하기로 되어있었습니다.

I was supposed to [동사원형].

> ex prepare for a presentation with my group members 조원들과 프레젠테이션을 준비하다

---

③ 문제 이전의 상황

처음에는 모든 것이 다 괜찮아 보였습니다.

At first, everything seemed fine.

---

④ 문제점 묘사

하지만, _____ 했습니다.

However, 문제점 묘사 [주어+동사].

> ex we had different opinions about the topic
> 우리는 주제에 대해 의견이 달랐다

---

⑤ 해결

그래서 _____ 하려고 노력했습니다.

So, I(we) tried to [동사원형]

> ex have many meetings about it 그것에 대해 많은 회의를 하다

---

⑥ 결과

다행히 _____ 했습니다.

Luckily, 문제 해결의 결과[주어+동사]

> ex we finished our project successfully
> 프로젝트를 성공적으로 끝냈다

문제에서 difficulty, problems, solve 또는 resolve 등의 단어가 들린다면 주제 관련 활동 중 어려움을 겪은 경험에 관해 묻는 문제입니다. 어려움을 겪거나 문제를 해결한 경험과 관련된 다음 질문들의 유형을 미리 파악하고 듣기 훈련을 해보세요.

- **Have you had any difficulty when you ▮▮▮▮▮?**

  ▮▮▮▮▮ 했을 때 어려움을 겪은 적이 있나요?

- **What was the problem?**

  무슨 문제였나요?

- **What happened?**

  무슨 일이 일어났나요?

- **How did you resolve the problem?**

  그 문제를 어떻게 해결했나요?

[프로젝트 수행 시 겪은 어려움]

Have you had any difficulty when you were doing a project? What difficulty did you have?

프로젝트를 하는 중에 어려움을 겪은 적이 있나요? 어떤 어려움이 있었나요?

다음 예시 답변을 표시된 단어들에 강세를 주어 자연스럽게 연습해보세요.

> **Last** se**me**ster, I had **di**fficulty in **doing** my **pro**ject.
>
> I was sup**po**sed to pre**pare** for a presen**ta**tion with my **group mem**bers.
>
> At **first**, **e**verything seemed **fine**.
>
> How**e**ver, we had **di**fferent o**pi**nions about the **to**pic.
>
> **So**, we **tried** to have **ma**ny **meet**ings about it.
>
> **Luck**ily, we **fi**nished our **pro**ject suc**ce**ssfully.

Unit 12 / 시간에 따른 변화 이야기하기

OPIc에서는 특정한 대상에 대한 시간에 따른 변화 문제가 종종 출제됩니다. 특정 대상에 대해 지난 몇 년 간 일어났던 변화를 시간에 따라, 또는 순서에 따라 나열하여 이야기할 수 있도록 패턴을 적용시켜 연습해 보세요.

→ STEP 1 이야기 패턴

도입 → 변화 1 → 변화 1의 상황 → 변화 2 → 현재의 상황

❶ 도입 　　　　에는 몇 가지 변화가 있어 왔습니다.

There have been a few changes in 변화된 대상[명사].

> ex **my neighborhood** 우리 동네

❷ 변화 1 제가 　　　때에는 　　　했습니다.

When I [동사의 과거형], [주어+동사의 과거형].

> ex **When I moved into my neighborhood, it was a small town.**
> 제가 우리 동네에 이사 왔을 때에는 작은 마을이었습니다.

❸ 변화 1의 상황 그때 당시에는 　　　했습니다.

[주어+동사의 과거형] at that time.

> ex **There were only houses and schools at that time.**
> 그때 당시에는 집들과 학교들뿐이었습니다.

❹ 변화 2 몇 년 후에 　　　했습니다.

A few years later, [주어+동사의 과거형].

> ex **many stores and a big shopping mall were built.**
> 많은 가게들과 큰 쇼핑몰이 생겼습니다.

❺ 현재의 상황 지금은 　　　합니다.

Now, [주어+동사의 현재형].

> ex **It is a big town, and many people visit my neighborhood for shopping.**
> 지금은 큰 동네이고, 많은 사람들이 쇼핑을 위해 우리 동네에 옵니다.

문제에서 changed, since then, 또는 over time 등의 단어가 들린다면 시간에 따른 특정 대상의 변화에 대해 묻는 문제입니다. 이와 관련된 다음 질문들의 유형을 미리 파악하고 듣기 훈련을 해보세요.

- **Please tell me how _____ has changed over time.**
  시간이 흐르면서 _____는 어떻게 변화해왔는지 이야기해주세요.

- **How has _____ changed since then?**
  그때 이후로 _____는 어떻게 바뀌어왔나요?

- **What has changed?**
  무엇이 변화되었나요?

[시간에 따른 동네의 변화]

Think about the time you moved into your neighborhood. How has your neighborhood changed since then?
지금 살고 있는 동네에 처음 이사했던 때를 떠올려보세요. 그때 이후로 동네가 어떻게 바뀌어왔나요?

다음 예시 답변을 표시된 단어들에 강세를 주어 자연스럽게 연습해보세요.

> There have been a **few chan**ges in my **neigh**borhood.
>
> When I **moved** into my **neigh**borhood, it was a **small town**.
>
> There were **on**ly **hou**ses and **schools** at that **time**.
>
> A **few** years **la**ter, **ma**ny **stores** and a **big shop**ping mall were **built**.
>
> **Now**, it is a **big town**, and **ma**ny **peo**ple **vi**sit my **neigh**borhood for **shop**ping.

Unit 13 / Role-play: 면접관에게 직접 질문하기

OPIc의 12~15문제 중 한 문제는 시험 화면 속의 Eva라는 면접관에게 직접 질문하는 유형이 출제될 가능성이 높습니다. OPIc Background Survey에서 선택한 주제들과 관련하여 면접관으로부터 정보를 얻을 수 있는 질문들을 하는 연습을 패턴에 적용해 연습해보세요.

➔ STEP 1 이야기 패턴

인사 ➔ 목적 ➔ 질문 1 ➔ 질문 2 ➔ 질문 3 ➔ 마무리

❶ 인사   에바 씨, 안녕하세요.

Hi, Eva.

❷ 목적   _____ 에 대해 몇 가지 질문하고 싶어요.

I'd like to ask you some questions about [명사형].

❸ 질문 1   먼저, _____ 하나요?

First, [의문문]?

> **TIP**
> • '네/아니오'를 유도하는 질문
> [be동사+주어+보어]? → **Is your house big?** 당신의 집은 큰가요?
> [Do/does/did+주어+일반동사 원형~]?
> → **Do you have a living room?** 거실이 있나요?
>
> • 의문사를 활용한 질문
> [의문사+be동사+주어~]? → **Where is your house?** 집이 어디에 있나요?
> [의문사+조동사(do/does/did/will/can)+주어+일반동사 원형~]?
> → **Who do you live with?** 누구와 같이 사나요?

❹ 질문 2   그리고 _____ 하나요?

And, [의문문]?

❺ 질문 3   또한 _____ 하는지 알고 싶어요.

I'd also like to know [의문사+주어+동사].

❻ 마무리   대답해 주셔서 감사합니다.

Thank you for your answers.

→ STEP 2

문제 듣기
포인트

면접관에게 직접 질문을 해야 하는 문제는 보통 Eva 자신을 지칭하는 I로 시작해, Eva와 관련된 이야기를 들려주고 그에 관해 몇 가지(주로 3~4개) 질문을 하라는 식으로 출제됩니다. 이러한 문제 유형에 미리 익숙해질 수 있도록 듣기 포인트를 알아두세요.

- **I also** [동사] **.**
  저 또한 _____ 합니다.

- **I like to** [동사원형] **.**
  저는 _____ 하는 것을 좋아합니다.

- **Please ask me some questions about** _____ **.**
  _____ 에 대해 몇 가지 저에게 질문을 해보세요.

- **Please ask me three or four questions about** _____ **.**
  _____ 에 대해 서너 가지 저에게 질문을 해보세요.

→ STEP 3

문제
예시

[면접관의 집에 대해 질문하기]

I have a house in the U.S. Now, please ask me three or four questions about my house.
저는 미국에 집이 있습니다. 저의 집에 대해 서너 가지 질문을 해보세요.

→ STEP 4

답변 예시 +
강세 연습

MP3 01-13

다음 예시 답변을 표시된 단어들에 강세를 주어 자연스럽게 연습해보세요.

> **Hi**, **E**va.
>
> I'd **like** to **ask** you **some que**stions about your **house**.
>
> **First**, **where** is your **house**?
>
> And, do you **live** in an a**part**ment?
>
> I'd **al**so **like** to **know how ma**ny **rooms** you **have**.
>
> **Thank** you for your **an**swers.

Unit 14 / 제3자에게 전화로 질문하기

제3자에게 전화로 질문을 하는 문제 유형은 어떤 상황이 주어지고 그에 대해 정보를 얻는 질문을 하는 유형입니다. 이 유형은 한 주제에 대해 Unit 15에 나오는 '상황 설명/문제 해결하기' 유형과 같이 묶여 출제됩니다. 아래 패턴을 이용해 전화로 질문하는 연습을 해보세요.

STEP 1 이야기 패턴

인사 → 전화 목적 → 질문 1 → 질문 2 → 질문 3 → 마무리

❶ 인사   여보세요. 저는   입니다.

Hello. This is [이름].

❷ 전화 목적   때문에 전화했어요.

I'm calling about [명사형].

❸ 질문 1   먼저,   하나요?

First, [의문문]?

> **TIP** ·'네/아니오'를 유도하는 질문
> [be동사+주어+보어]? → Is the dinner on Saturday? 저녁 식사는 토요일인가요?
> [Do/does/did/will/can+주어+일반동사 원형 ~]?
> → Will you have the dinner at your home? 당신의 집에서 저녁 식사를 하나요?
>
> ·의문사를 활용한 질문
> [의문사+be동사+주어~]? → When is the dinner? 저녁 식사는 언제인가요?
> [의문사+조동사(do/does/did/will/can)+주어+일반동사 원형~]?
> → Where will you have the dinner? 저녁 식사는 어디에서 하나요?

❹ 질문 2   그리고,   하나요?

And, [의문문]?

❺ 질문 3   또한   하는지 알고 싶어요.

I'd also like to know [의문사+주어+동사]

❻ 마무리   대답해 주셔서 감사합니다. 안녕히 계세요.

Thank you for your answers. Bye.

→ **STEP 2**

문제 듣기 포인트

제3자에게 전화를 걸어 질문하는 문제는, 보통 주어진 상황에 대한 설명을 시작으로 그 상황에 알맞은 특정 인물에게 전화를 걸어 상황과 관련된 질문을 하라는 식으로 출제됩니다. 문제 유형에 미리 익숙해질 수 있도록 아래 듣기 포인트를 알아두세요.

- **I'll give you a situation and ask you to act it out.**
  상황을 하나 줄 테니 역할극을 해보세요.

- **Call** [사람] **and ask some questions about** [   ].
  [   ]에게 전화를 걸어 [   ]에 대해 몇 가지 질문을 해보세요.

- **Call** [사람] **and ask three or four questions to** [동사원형]
  [   ]에게 전화를 걸어 [   ]할 수 있도록 서너 가지 질문을 해보세요.

→ **STEP 3**

문제 예시

[저녁 식사 준비 관련 질문하기]

I'll give you a situation and ask you to act it out. You want to help your relative prepare for family dinner. Call your relative, and ask him three or four questions about preparing for the dinner.

상황을 하나 줄 테니 역할극을 해보세요. 당신은 친척이 가족 식사를 준비하는 것을 돕고 싶습니다. 친척에게 전화를 걸어 저녁 준비에 대한 질문을 서너 가지 해보세요.

→ **STEP 4**

답변 예시 + 강세 연습

MP3 01-14

다음 예시 답변을 표시된 단어들에 강세를 주어 자연스럽게 연습해보세요.

> **Hel**lo. This is **Jin**.
>
> I'm **cal**ling about the **fa**mily **din**ner.
>
> **First**, **where** will you **have** the **din**ner?
>
> And, **how ma**ny **peo**ple will **come** to the **din**ner?
>
> I'd **al**so like to **know what kind** of **food** you will **serve**.
>
> **Thank** you for your **an**swers. **Bye**!

Unit 15 / 상황 설명 후 대안 제시하기

상황 설명 후 대안 제시하기 문제 유형은 앞의 Unit 14에서 다루었던 '전화로 질문하기' 유형과 같은 주제와 상황으로 묶여 출제되는 것이 대부분입니다. 어려움이 있는 상황에 대해 그 상황을 설명하고, 대안을 제시함으로써 해결하는 역할극을 해야 합니다. 아래 패턴을 이용해 상황 설명과 대안을 제시하는 연습을 해보세요.

⊙ STEP 1 이야기 패턴

인사 ➡ 전화 목적 ➡ 상황 설명 ➡ 대안 제시 1 ➡ 대안 제시 2 ➡ 마무리

❶ 인사
여보세요. 저는 입니다.
Hello. This is 이름.

❷ 전화 목적
때문에 전화했는데요.
I'm calling about [명사형].

❸ 상황 설명
죄송하지만 하게 되었습니다.
I'm sorry, but 상황 설명[주어+동사].

❹ 대안 1
그래서 해도 되는지 궁금합니다.
So, I wonder if [주어+could+동사].

❺ 대안 2
아니면 가 할 수 있나요?
Or, could [주어+동사원형]?

❻ 마무리
어떻게 생각하시는지 알려주세요.
Please tell me what you think.

상황 설명 후 대안제시 문제는 보통 어려운 상황이 주어져 그 상황에 알맞은 특정 인물에게 전화를 걸어 상황에 대해 설명을 하고, 해결(두세 가지의 대안)을 제시하라는 순서로 출제됩니다. 문제 유형에 미리 익숙해질 수 있도록 아래 듣기 포인트를 알아두세요.

- **I'm sorry, but there is a problem that you need to resolve.**
  유감스럽지만 해결해야 할 문제가 생겼습니다.

- **Call** 〔사람〕 **, explain the situation and solve the problem.**
  〔   〕에게 전화를 걸어 상황을 설명하고 문제를 해결해보세요.

- **discuss what you can do**
  무엇을 할 수 있을지 의논을 해보세요.

- **give (offer) two or three alternatives(options/suggestions)**
  두세 가지 대안을 제시해보세요.

[저녁 식사 준비 상황 대안 제시하기]

I'm sorry, but there is a problem that you need to resolve. You are supposed to help your relative prepare for a family dinner, but you are sick. Call your relative, explain the situation and give two or three alternatives.

유감스럽지만 해결해야 할 문제가 생겼습니다. 친척이 저녁 식사하는 것을 도와주기로 했지만 당신은 아픕니다. 친척에게 전화를 걸어 상황을 설명하고, 두세 가지 대안을 제시해보세요.

다음 예시 답변을 표시된 단어들에 강세를 주어 자연스럽게 연습해보세요.

> **Hel**lo. This is **Jin**.
>
> I'm **cal**ling about the **fa**mily **din**ner.
>
> I'm **sor**ry, but I can't **help** you because I'm very **sick now**.
>
> **So**, I **won**der if I could **ask** my **friend** to **help** you in**stead**.
>
> Or, could you **change** the **date** for the **di**nner?
>
> **Please tell** me **what** you **think**.

Chapter 02

내 직업은 학생

OPIc Background Survey 설문지 선택

2. 당신은 학생입니까?
- ● 네
- ○ 아니요

[네]를 고를 경우
2.1 현재 귀하가 강의를 듣는 목적은 무엇입니까?
- ● 학위 취득   ○ 전문 기술을 향상시키기 위한 평생 학습   ○ 어학수업

[아니오]를 고를 경우
2.1 이전에 강의를 들은 목적은 무엇이었습니까?
- ○ 학위취득   ○ 전문 기술을 향상시키기 위한 평생 학습
- ○ 어학수업   ○ 수강 후 5년이 지남

OPlc Background Survey 1번 '직업군'에서 선택할 수 있는 항목은
'사업/회사, 가사, 교사/교육자' 등이 있지만 2번에서 '학생'을 선택하고 시험을 본다면
다른 직업군보다 비교적 다루기 쉬운 주제의 문제에 답변할 수 있습니다.
오랜 직장 생활을 하고 있는 직장인들은 이 항목의 선택과 관련하여 망설여질 수도 있을 것입니다.
하지만 설문 조사(Background Survey)가 점수에 상관없이 단지
문제 주제 선별을 위한 단계라는 점을 감안한다면 이 선택이 더 현명할 수 있습니다.

학생이라면 지금 현재의 학교 생활을, 직장인이라면 학창 시절의 학교 생활을 떠올리며
학생과 관련해 나올 수 있는 주제와 문제들을 학습하고 연습해보세요.
특히 'Unit 1. 자기소개하기'는 OPlc에서 99%의 출제 확률임을 명심하고,
학생으로 자신을 소개하는 답변을 만들어 연습해두어야 합니다.

Chapter 2 학습 방법

단계 1 주제 관련 문제들의 핵심포인트를 파악한다.

단계 2 각 문제와 관련된 Chapter 1의 패턴 유형을 파악하고,
그 패턴에 맞추어 기본 답변 문장들을 학습한다.

단계 3 '표현 늘리기'의 표현들을 참고하여 나만의 답변을 만들고 연습한다.

단계 4 더 높은 점수를 공략한다면 '[IM 공략] 답변 Upgrade'의
부가적 문장들을 학습하고, 구체적인 설명을 더하여
자연스럽게 이야기하는 연습을 한다.

Unit 01 / 자기소개하기

Q **Let's start the Interview now. Please tell me something about yourself.**
인터뷰를 시작하겠습니다. 자신에 대해 이야기해주세요.

문제 듣기 **Key words:** tell, yourself

➔ STEP 1 기본 답변

MP3 02-01

❶ 이름
안녕하세요. 제 이름은 　김윤경　 입니다.
Hi, my name is Yoonkyung Kim.

❷ 직업
저는 　한국　 대학교의 학생입니다.
I'm a student at Hankuk **University.**

❸ 전공
지금 　중국어　 를 전공하고 있습니다.
I'm majoring in Chinese Language.

❹ 졸업 후 계획
졸업 후에 저는 여행사에서 일하고 싶습니다.
After graduation, I want to work at a travel agency.

❺ 성격
저는 　활발한　 성격을 가지고 있습니다.
I have an outgoing **personality.**

❻ 취미 1
시간이 나면 저는 　친구들과 영화 보는　 것을 좋아합니다.
When I have free time, I like to watch movies with my friend.

❼ 취미 2
저는 또한 　조깅을 하러 가는　 것도 좋아합니다.
I also like to go jogging.

어휘
major in ~를 전공하다 　**graduation** 졸업 　**a travel agency** 여행사
outgoing 활발한, 사교적인 　**personality** 성격

MP3 02-02

❶ **이름 Hi, my name is** Yoonkyung Kim. ❷ **직업 I'm a** senior **student at Hankuk University.** ❸ **전공 I'm majoring in Chinese Language.** Although studying the Chinese language is difficult, I like my major. ❹ **졸업 후 계획 After graduation, I want to work at a travel agency.** ❺ **성격 I have a** kind and **outgoing personality,** so I love to meet new people and make friends. ❻ **취미 1 When I have free time, I like to watch movies with my friend.** After watching movies, we usually hang out at a cafe. ❼ **취미 2 I also like to go jogging.** When I jog, I feel like I'm relieving stress.

안녕하세요. 제 이름은 김윤경입니다. 저는 한국대학교의 3학년 학생입니다. 저는 중국어를 전공하고 있습니다. 중국어를 공부하는 것은 어렵지만 저는 제 전공이 좋습니다. 졸업 후에는 여행사에서 일하고 싶습니다. 저는 친절하고 활발한 성격을 가지고 있어서, 새로운 사람들을 만나고 친구를 만드는 것을 좋아합니다. 시간이 나면 저는 친구들과 영화를 보는 것이 좋습니다. 영화 후에는 보통 카페에서 시간을 보내며 어울립니다. 저는 또한 조깅하러 가는 것도 좋아합니다. 조깅을 하면 스트레스가 풀리는 것을 느낄 수 있습니다.

어휘 **a senior** 4학년   **hang out** 어울리다, 놀다   **jog** 조깅하다   **relieve stress** 스트레스를 풀다

⊙ **STEP 3** 표현 늘리기: 취미 활동 종류

야외 활동 **travel** 여행하다   **go shopping** 쇼핑하러 가다   **play sports games** 스포츠 게임을 하다
go on a picnic 소풍을 가다   **go hiking** 하이킹을 가다

실내 활동 **watch movies** 영화를 보다   **listen to music** 음악을 듣다   **read books** 독서를 하다
play mobile games 모바일 게임을 하다   **surf the Internet** 인터넷을 하다

Unit 02 / 학교 생활 이야기

Q₁ [학교소개] **Please tell me about your school. Where is it?**
What is there on your school campus?
다니고 있는 학교에 대해 이야기해주세요. 학교는 어디에 있나요? 학교 캠퍼스에는 무엇이 있나요?

문제 듣기 **Key words:** school, where, what, school campus

→ STEP 1 기본 답변 유형 패턴 2 적용 (p.34)

MP3 02-03

❶ 소개
저는   한국대학교   에 다니고 있습니다.
I'm attending Hankuk University.

❷ 위치
우리 학교는   서울   에 위치하고 있습니다.
It is located in Seoul.

❸ 특징
우리 학교는   법대   로 유명합니다.
My school is famous for our Law School.

❹ 왼쪽 공간
학교 캠퍼스에 들어가면, 왼쪽에   7개의 단대 건물   이 보입니다.
When you enter the campus, you will see seven department buildings **on the left.**

❺ 오른쪽 공간
오른쪽에는   학교 식당과 체육관   이 있습니다.
On the right side, you will find the school cafeteria and the gym.

❻ 마무리
저는 우리 학교가   다니기   좋은 학교라고 생각합니다.
I think my school is a good place to attend.

어휘
attend 다니다   **be famous for** ~로 유명하다   **the Law School** 법대   **a department** 단대
a library 도서관   **a school cafeteria** 학교 식당   **a gym** 체육관

`MP3 02-04`

① 소개 **I'm attending Hankuk University,** ② 위치 **which is located in** the middle of Seoul. ③ 특징 **My school is famous for our Law School,** so many students try to get into our Law School. ④ 왼쪽 공간 **When you enter the campus, you will see seven department buildings** and the library **on the left**. The library was built last year, so it is very new. ⑤ 오른쪽 공간 **On the right side, you will find the school cafeteria and the gym.** I like the gym most because it is very clean and has good facilities. ⑥ 마무리 **I think my school is a good place to attend.**

저는 서울 중심에 위치한 한국대학교에 다니고 있습니다. 우리 학교는 법대로 유명해, 많은 학생들이 법대에 들어가려고 노력합니다. 우리 학교 캠퍼스에 들어오면, 왼쪽에 7개의 단대 건물과 도서관이 보입니다. 도서관은 작년에 지어져서 아주 새 건물입니다. 왼쪽에는 학교 식당과 체육관이 보입니다. 저는 그 체육관을 가장 좋아하는데, 아주 깨끗하고 좋은 시설을 가지고 있기 때문입니다. 우리 학교는 다니기에 좋은 학교인 것 같습니다.

어휘 **in the middle of** ~의 중간(중심)에   **get into** 들어가다. 입학 허가를 받다   **be built** 지어지다
facilities 시설들   **work out** 운동하다

➔ STEP 3 표현 늘리기: 학교 건물 및 시설

a main building 본관   **a gym** 체육관
an auditorium 대강당   **a library** 도서관
a student center 학생회관   **a dormitory** 기숙사
a department building 단대 건물   **a cafeteria** 교내 식당
a concert hall 콘서트홀   **an outdoor concert hall** 야외 콘서트홀
a career center 취업정보실   **an administrative office** 행정실
a faculty room 교수실   **a classroom** 교실
a laboratory 실험실   **a computer lab** 컴퓨터실

 **Q₂** | [좋아하는 선생님] **Can you tell me about your favorite teacher at school? Why do you like that teacher?**
학교에서 가장 좋아하는 선생님에 대해 이야기해 줄 수 있나요? 왜 그 선생님을 좋아하나요?

문제 듣기 **Key words:** favorite teacher, why, like

STEP 1 기본 답변 유형 패턴 1 적용 (p.32)

MP3 02-05

① 소개
제가 제일 좋아하는 선생님은 [김 교수님] 입니다.
My favorite teacher is Professor Kim.

② 가르치는 과목
그는 [마케팅] 을 가르치고 있습니다.
He teaches Marketing.

③ 처음 만난 시기
저는 [지난 학기] 에 처음 그 교수님을 만났습니다.
I first met him last semester.

④ 특징 1
그는 사교적인 사람이라서, [새로운 학생들] 을 만나는 것을 좋아합니다.
He is a people person, so he likes to meet new students.

⑤ 특징 2
그는 또한 [수업시간에] 재미있는 농담도 많이 합니다.
He also makes good jokes in his class.

⑥ 마무리
저는 그런 좋은 [선생님] 을 만나서 행운인 것 같습니다.
I feel lucky to have such a great teacher.

 marketing 마케팅 last 지난 a semester 학기
a people person 사교적인 사람 a joke 농담 lucky 행운인

MP3 02-06

❶ 소개 **My favorite teacher is Professor Kim.** ❷ 가르치는 과목 **He teaches Marketing,** and he has taught it for ten years. ❸ 처음 만난 시기 **I first met him last semester** in his International Marketing class. ❹ 특징 1 **He is a people person, so he likes to meet new students** and talk with his students after class. ❺ 특징 2 He is also very funny, and **he makes good jokes** in his class. ❻ 마무리 **I feel lucky to have such a great teacher.**

제가 가장 좋아하는 선생님은 김 교수님입니다. 김 교수님은 마케팅을 가르치고 있고, 마케팅을 가르친지 10년째 되었습니다. 저는 지난 학기 국제 마케팅 수업에서 교수님을 처음 만났습니다. 그는 사교적인 사람이라서 새로운 학생들을 만나고, 수업 후 학생들과 이야기하는 것을 좋아합니다. 또한 그는 매우 재미있고, 수업 시간에 농담을 잘합니다. 그런 좋은 선생님을 만나서 행운인 것 같습니다.

어휘

[have+동사의 과거분사] ~해오고 있다 **international** 국제적인

after class 방과 후에 **have fun** 재미를 느끼다

→ **STEP 3** 문법 실력 늘리기: **[have+동사의 과거 분사] for [기간]** ~동안 ~해오고 있다/~째 ~하고 있다

과거 어떤 시점부터 현재까지 일정 기간 동안 계속되어 온 일(행동, 동작)을 표현할 때는 [have+과거분사]의 형태를 이용하여 나타냅니다.

ex **We have known each other for 10 years.** 우리는 10년 동안 알고 지내왔습니다.

I have studied English for three years. 저는 3년 동안 영어 공부를 해왔습니다.

Q3 [친한 학교 친구] **I'd like to know about one of your close friends at school. What kind of person is he or she? What do you usually do when you meet this person?**

학교에서 친한 친구 중 한 명에 대해 알고 싶습니다. 어떤 사람인가요? 만나면 주로 무엇을 하나요?

문제 듣기 **Key words:** close friends, what kind, meet

→ STEP 1 기본 답변 유형 패턴 1 적용 (p.32)

MP3 02-07

1 소개	제가 학교에서 친한 친구는 조셉 입니다.	
	My close friend at school is Joseph.	
2 처음 만난 시기	저는 그를 3년 전 에 처음 만났습니다.	
	I first met him three years ago.	
3 특징 1	그는 사교적인 사람이라서, 새로운 사람들 을 만나는 것을 좋아합니다.	
	He is a people person, so he likes to meet new people.	
4 특징 2	그는 또한 재미있는 농담을 잘 합니다.	
	He also makes good jokes.	
5 만나면 하는 일	우리는 만나면, 같이 농구 하는 것 을 좋아합니다.	
	When we meet, we like to play basketball.	
6 마무리	저는 그런 좋은 친구 를 만나서 행운인 것 같습니다.	
	I feel lucky to have such a great friend.	

어휘 **close** 친한 **at school** 학교에서 **play basketball** 농구를 하다

(**MP3** 02-08)

❶ 소개 **My close friend at school is** Joseph, who is my classmate. ❷ 처음 만난 시기 **I first met him three years ago** when we attended the freshman orientation. ❸ 특징 1 **He is a people person, so he likes to meet new people** and make friends. ❹ 특징 2 **He** is also funny and **makes good jokes**, so I always have fun when I'm with him. ❺ 만나면 하는 일 **When we meet, we like to play basketball.** We usually play basketball on weekends and we also like to go for a drink after school, too. ❻ 마무리 **I feel lucky to have such a great friend.**

학교에서 제가 친한 친구는 반 친구인 조셉입니다. 저는 그를 3년 전 신입생 오리엔테이션에 참석했을 때 처음 만났습니다. 그는 사교적인 사람이라서 새로운 사람들을 만나고, 친구를 사귀는 것을 좋아합니다. 그는 또한 재미있고 농담을 잘해서 그와 함께 있으면 항상 재미를 느낍니다. 우리는 만나면 농구하는 것을 좋아합니다. 우리는 주로 주말에 농구를 하고, 또한 방과 후에는 술 마시러 가는 것도 좋아합니다. 저는 그런 좋은 친구가 있어서 행운인 것 같습니다.

어휘
a freshman orientation 신입생 환영회   **basketball** 농구
after class 방과 후에   **have fun** 재미를 느끼다   **go for a drink** 술마시러 가다

→ **STEP 3** 표현 늘리기: 친구와 만나면 하는 활동

go for coffee 커피를 마시러 가다   **go for a drink** 술을 마시러 가다
go for a walk together 같이 산책하러 가다   **play online games** 온라인 게임을 하다
play board games 보드게임을 하다   **go to the movies** 영화를 보러 가다
chat about our days 일상에 대해 수다를 떨다

Q4 [학교에서의 일상 생활] **Please tell me about your typical day at school. What do you usually do before and after classes?**

학교에서의 일상에 대해 이야기해주세요. 수업 시간 전후에는 보통 무엇을 하나요?

문제 듣기 **Key words:** typical day, school, before, after classes

➔ **STEP 1 기본 답변**

◖MP3 02-09◗

❶ **수업시간**   저는 보통   오전 10시에서 오후 3시까지   수업을 듣습니다.
I usually have classes from 10 A.M. **to** 3 P.M.

❷ **수업 전**   수업 전에 저는 보통   학교 식당에서 아침을 먹습니다   .
Before classes, I normally have breakfast in the cafeteria.

❸ **공강 시간**   공강 시간에는 종종   도서관에 가서 책을 빌립니다   .
Between classes, I often go to the library and borrow some books.

❹ **수업 후**   수업 후에는 보통   동아리 활동을 합니다   .
After classes, I usually do my club activities.

❺ **가끔 하는 일**   가끔은   친구들과 커피나 술을 마시러 가는 것   을 좋아합니다.
Sometimes, I like to go for coffee or a drink with my friends.

 A.M. (ante meridiem) 오전   P.M. (post meridiem) 오후   usually, normally 보통
have breakfast 아침을 먹다   borrow 빌리다   club activities 동아리 활동

MP3 02-10

❶ **수업시간** I go to school three times a week, and **I usually have classes from 10 A.M. to 3 P.M.** ❷ **수업 전** **Before classes, I normally have breakfast in the cafeteria.** Then, I like to have coffee. ❸ **공강 시간** **Between classes, I often go to the library and borrow some books.** Sometimes, I just relax in a student lounge. ❹ **수업 후** **After classes, I usually** visit my club office and **do some club activities.** ❺ **가끔 하는 일** **Sometimes, I like to go for coffee or a drink with my friends.** When I feel tired, I just go straight home.

> 저는 일주일에 세 번 학교에 가고, 보통 10시부터 3시까지 수업을 듣습니다. 수업 전에는 보통 학교 식당에 가서 아침을 먹습니다. 그 후에는 커피를 마시는 것을 좋아합니다. 공강 시간에는 종종 도서관에 가서 책을 빌립니다. 가끔은 학생 휴게실에서 그냥 휴식을 취하기도 합니다. 수업 후에는 보통 동아리 방에 가서 동아리 활동을 합니다. 가끔은 친구들과 커피나 술을 마시러 갑니다. 하지만 피곤할 때에는 그냥 집에 곧장 가기도 합니다.

어휘   **relax** 휴식을 취하다   **a student lounge** 학생 휴게실   **feel tired** 피곤함을 느끼다   **straight** 곧장

⊙ **STEP 3** 표현 늘리기: 학교에서 하는 활동

study at the library 도서관에서 공부하다
review the lesson 수업 복습을 하다
work on my assignment 과제를 하다
have a group meeting 그룹 회의를 하다
do a group project 그룹 프로젝트를 하다
chat with my classmates 반 친구들과 수다를 떨다

 **Q5** [학교 첫 방문] **When was your first visit to your school? What was your first impression of the school?**
지금 다니는 학교를 언제 처음 방문했나요? 학교에 대한 첫 인상은 어땠나요?

문제 듣기 **Key words:** first visit, school, first impression

→ **STEP 1 기본 답변** 유형 패턴 9 적용 (p.48)

MP3 02-11

❶ **경험 시기**　저는　[3년 전]　에 처음 학교를 방문했습니다.
I first visited my school three years ago.

❷ **방문 전**　그때까지만 해도 저는　[우리 학교]　에 대해 잘 몰랐습니다.
Until that time, I didn't know much about my school.

❸ **방문 시 한 일 1**　그날 저는　[신입생 오리엔테이션에 참석]　했습니다.
On that day, I attended the freshman orientation.

❹ **방문 시 한 일 2**　그 후에는　[학교를 둘러보았습니다]　.
After that, I looked around the school.

❺ **느낀 점**　저는　[큰 학교 캠퍼스]　에 감명받았습니다.
I was impressed by the big school campus.

---

 visit 방문하다　**attend** 참석하다　**a freshman orientation** 신입생 오리엔테이션
look around 둘러보다　**be impressed by** ～에 감명받다

MP3 02-12

❶ **경험 시기 I first visited my school three years ago** for a freshmen orientation. ❷ **방문 전 Until that time, I didn't know much about my school** because I didn't have information about it. ❸ **방문 시 한 일 1 On that day, I first attended the freshman orientation.** The orientation was very inspiring. ❹ **방문 시 한 일 2 After that, I looked around the school** with my classmates. ❺ **느낀 점 I was impressed by the big school campus.** The campus was also beautiful. Overall, my first visit to school was very memorable.

> 저는 3년 전에 신입생 오리엔테이션을 위해 학교를 처음 방문했습니다. 그때까지만 해도, 저는 정보가 별로 없어 학교에 대해 잘 알지 못했습니다. 그날 저는 먼저 학교 오리엔테이션에 참석했습니다. 오리엔테이션은 매우 고무적이었습니다. 그 후에 반 친구들과 함께 학교를 둘러보았습니다. 학교가 매우 큰 것에 감명을 받았습니다. 캠퍼스 또한 아름다웠습니다. 전반적으로 학교 첫 방문은 아주 기억에 남을 만한 일이었습니다.

어휘 **information** 정보   **inspiring** 고무적인   **memorable** 기억에 남는, 기억할 만한

→ STEP 3 표현 늘리기: 학교 첫 방문 시 한 일 [동사의 과거시제]

attended a freshman orientation 신입생 오리엔테이션에 참석했다
had an interview for admission 입학을 위한 인터뷰를 했다
took an essay exam 논술 시험을 봤다
toured the facilities 시설을 둘러봤다
visited my professor 교수님을 방문했다
attended my first class 첫 수업을 들었다

Unit 03 / 수업과 과제

Q₁ [듣고 있는 수업과 좋아하는 수업] **What classes are you taking these days? What is your favorite class among them?**

요즘 어떤 수업을 듣고 있나요? 그 중에서 가장 좋아하는 수업은 무엇인가요?

문제 듣기 **Key words:** classes, favorite class

➔ STEP 1 기본 답변

(MP3 02-13)

① 듣고 있는 수업　요즘 저는 학교에서 　　5개　　 의 수업을 듣고 있습니다.
These days, I'm taking five classes at school.

② 수업 과목　저는 　호텔 경영과 영어회화　 같은 과목들은 배웁니다.
I learn subjects like Hotel Management and English Conversation.

③ 가장 좋아하는 수업　제가 제일 좋아하는 수업은 　영어 회화　 수업입니다.
My favorite class is English Conversation.

④ 좋아하는 이유　저는 선생님 때문에 그 수업을 좋아합니다.
I like that class because of the teacher.

⑤ 이유 설명 1　먼저, 그 선생님은 모든 학생들에게 친절하십니다.
The teacher is very kind to every student.

⑥ 이유 설명 2　선생님은 또한 수업 시간에 농담을 잘 하십니다.
He also makes good jokes in class.

어휘　**these days** 요즘　**take** (수업을) 듣다　**a subject** 과목　**hotel management** 호텔 경영
English conversation 영어 회화　**every** 모든, 매

MP3 02-14

① 듣고 있는 수업 **These days, I'm taking five classes at school:** three major classes and two elective classes. ② 수업 과목 **I learn subjects like Hotel Management and English Conversation.** ③ 가장 좋아하는 수업 **My favorite class is English Conversation.** ④ 좋아하는 이유 **I like that class because of the teacher.** ⑤ 이유 설명 1 **The teacher is very kind to every student.** He always answers our questions kindly. ⑥ 이유 설명 2 **He** is also funny and **makes good jokes in class**, so many students including myself always have fun in class.

요즘 저는 학교에서 5개의 수업을 듣고 있습니다. 세 과목은 전공 수업이고, 두 과목은 선택 과목입니다. 저는 호텔 경영, 영어 회화 수업과 같은 과목들을 배웁니다. 제가 가장 좋아하는 수업은 영어 회화 수업입니다. 저는 선생님 때문에 그 수업을 좋아합니다. 그 선생님은 모든 학생들에게 매우 친절하십니다. 항상 친절하게 질문에 답변을 해주십니다. 그는 또한 재미있고, 수업 시간에 농담을 잘해서 저를 포함한 많은 학생들이 수업 시간에 항상 재미를 느낍니다.

어휘 | **major** 전공의 **elective** 선택적인 **answer** 답하다 **including** ~을 포함하여 **have fun** 재미를 느끼다

⊙ **STEP 3** 문법 실력 늘리기: because/because of/due to ~때문에

• 주로 절로 쓰여 [because+주어+동사]

　ex **I like him because he is very funny.** 그는 아주 재미있기 때문에 저는 그를 좋아합니다.

• 문장 앞뒤에 구로 쓰여 [because of/due to+명사형]

　ex **I like him because of his teaching style.** 저는 그의 수업 방식 때문에 그를 좋아합니다.

Q2 [최근에 끝낸 프로젝트] **Please tell me about the project you finished recently. What was it? How was the result?**

최근에 끝낸 프로젝트에 대해 이야기해주세요. 무엇이었나요? 결과는 어땠나요?

문제 듣기 **Key words:** project, finished, recently, result

⊙ STEP 1 기본 답변

MP3 02-15

① 끝낸 프로젝트 종류	저는 최근에 [그룹 프레젠테이션] 하나를 끝냈습니다.	
	I recently finished a group presentation.	
② 프로젝트 주제	그것은 [지구온난화] 에 대한 것이었습니다.	
	It was about global warming.	
③ 주로 했던 업무 1	그 프로젝트를 위해서 저는 [자료를 찾았습니다] .	
	For the project, I searched for data.	
④ 주로 했던 업무 2	다른 그룹 멤버들은 [자료를 정리하고, 유인물을 만들었습니다] .	
	The other members arranged the data and made handouts.	
⑤ 결과	결과는 매우 좋았습니다.	
	The result was very good.	
⑥ 마무리	저 또한 우리의 결과물에 만족했습니다.	
	I was also satisfied with the outcome.	

어휘
recently 최근에   a presentation 프레젠테이션, 발표   global warming 지구온난화
search for ~를 찾다   data 자료   arrange 정리하다   a handout 유인물
be satisfied with ~에 만족하다   outcome 결과

MP3 02-16

❶ **끝낸 프로젝트 종류** **I recently finished a group presentation** in my English conversation class. ❷ **프로젝트 주제** **It was about global warming,** which was a hot issue at that time. ❸ **주로 했던 업무 1** **For the project, I searched for data** about global warming on the Internet. ❹ **주로 했던 업무 2** **The other members arranged the data and made handouts.** After that, we all practiced the presentation for three days. ❺ **결과** **The result was very good.** We received good feedback from our professor. ❻ **마무리** **I was also satisfied with the outcome.**

저는 최근에 영어 회화 수업에서 그룹 프레젠테이션 하나를 끝냈습니다. 프레젠테이션은 그때 당시에 핫이슈였던 지구온난화에 대한 것이었습니다. 프로젝트를 위해 저는 인터넷에서 지구온난화에 대한 자료를 찾았습니다. 다른 멤버들은 자료를 정리하고, 유인물을 만들었습니다. 그 후에 우리는 모두 3일 동안 발표 연습을 했습니다. 결과는 아주 좋았습니다. 우리는 교수님으로부터 좋은 피드백을 받았습니다. 저 또한 우리의 결과물에 만족했습니다.

어휘 **a hot issue** 뜨거운 쟁점이 되는 이슈 **on the Internet** 인터넷에서 **practice** 연습하다 **receive** 받다 **feedback** 피드백

→ **STEP 3** 표현 늘리기: 프로젝트 업무 묘사하기

arrange the meetings 회의를 주선하다
search for data 자료를 찾다
arrange the data 찾은 자료를 정리하다
design 설계, 고안하다
look over the product 결과물을 검토하다
prepare presentation materials 발표 자료를 준비하다
make a handout 유인물을 만들다
write a paper 보고서를 쓰다

Q3 [프로젝트의 어려움] **Have you had any difficulty while you did a project? What was the problem?**
프로젝트를 하는 중에 어려움을 겪은 적이 있나요? 무엇이 문제였나요?

문제 듣기 **Key words:** difficulty, project, problem

⊙ STEP 1 기본 답변 유형 패턴 11 적용 (p.52)

◀MP3 02-17

❶ 경험 시기 지난 학기 에 저는 프로젝트를 하는 데 에 어려움을 겪었습니다.
Last semester, **I had difficulty in** doing a project.

❷ 배경 설명 저는 그룹 프레젠테이션에 참여하기 로 했습니다.
I was supposed to participate in a group presentation.

❸ 문제 이전의 상황 처음에는 모든 것이 괜찮아 보였습니다.
At first, everything seemed fine.

❹ 문제점 묘사 하지만 우리는 주제에 대해 의견이 달랐습니다 .
However, we had different opinions about the topic.

❺ 해결 그래서 우리는 주제에 대해 많은 회의 를 하려고 노력했습니다.
So, we tried to have many meetings about it.

❻ 결과 다행히 우리는 프레젠테이션을 잘 끝마쳤습니다 .
Luckily, we finished the presentation well.

어휘 | **be suppose to 동사원형** ~하기로 되어있다   **participated in** ~에 참여하다
seem ~인 듯 하다   **an opinion** 의견

MP3 02-18

① 경험 시기 Last semester, I had difficulty in doing a project. ② 배경 설명 I was supposed to participate in a group presentation, and it was about social issues in Korea. **③ 문제 이전의 상황 At first, everything seemed fine. ④ 문제점 묘사 However, we had different opinions about the topic.** Everyone in my group wanted to deal with different topics. **⑤ 해결 So, we tried to have many meetings about it.** We looked through each idea carefully in the meetings. **⑥ 결과 Luckily,** we adjusted our opinions and **finished the presentation well.**

지난 학기에 저는 프로젝트를 하는 데 어려움이 있었습니다. 저는 그룹 프레젠테이션에 참여하기로 했고, 그 프레젠테이션은 한국의 사회적 문제에 관한 것이었습니다. 처음에는 모든 것이 괜찮은 듯 했습니다. 그러나 우리는 주제에 대해 다른 의견을 가지고 있었습니다. 그룹의 모두가 다른 주제를 다루고 싶어했습니다. 그래서 우리는 그 문제에 대해 많은 회의를 하려고 했습니다. 우리는 회의에서 각각의 아이디어들을 신중하게 검토했습니다. 다행히, 우리는 의견을 조정하고 프레젠테이션을 잘 끝마쳤습니다.

어휘 | **social issues** 사회적인 문제 **deal with** ~를 다루다, 처리하다 **look through** 검토하다
carefully 신중하게 **be proud of** ~가 자랑스러운

STEP 3 표현 늘리기: 프로젝트 수행 시 겪는 어려움

We had a tight schedule. 일정이 너무 빡빡했습니다.
My computer suddenly broke down. 컴퓨터가 갑자기 고장 났습니다.
I couldn't meet the deadline. 마감 기한을 지키지 못했습니다.
We had a free-rider in our group. 우리 그룹에 무임승차 하려는 사람이 있었습니다.
Our leader didn't do anything. 그룹 리더가 아무것도 하지 않았습니다.

Chapter 03

집에서 하는 일은?

OPIc Background Survey 설문지 선택

3. 현재 어디에 살고 계십니까?
- ○ 독신자로서 개인 주택이나 아파트에 거주
- ● 가족 (배우자/자녀/기타 가족 일원)과 함께 주택이나 아파트 거주
- ○ 친구나 룸메이트와 함께 개인 주택이나 아파트에 거주
- ○ 학교 기숙사
- ○ 군대 막사

5. 다음 중 어떤 관심사나 취미를 갖고 계십니까? (한 개 이상 선택)
- ○ 아이에게 책 읽어주기
- ○ 혼자 노래부르거나 합창하기
- ○ 그림 그리기
- ○ 주식투자하기
- ○ 사진촬영하기
- ○ 음악 감상하기
- ○ 춤추기
- ● 요리하기
- ○ 신문읽기
- ○ 악기 연주하기
- ○ 글쓰기(편지, 단문, 시 등)
- ○ 애완동물 기르기
- ○ 여행 관련 잡지나 블로그 읽기

7. 다음 중 어떤 휴가나 출장 경험이 있습니까? (한 가지 이상 선택)
- ○ 국내출장
- ○ 해외출장
- ● 집에서 보내는 휴가
- ○ 국내여행
- ○ 해외여행

OPIc Background Survey 항목들을 살펴보면 같이 엮어서
효과적으로 준비할 수 있는 주제들이 있습니다.
그 중 하나가 '집'과 관련된 이야기입니다.
집을 포함한 거주지 지역의 묘사에서부터
집 안에서 하는 일까지 연관지어 이야기하면,
이야깃거리를 효율적으로 준비할 수 있습니다.

따라서 이번 Chapter에서는 집과 동네의 묘사,
집에서 할 수 있는 가족들과의 집안일,
취미 생활로 집에서 할 수 있는 요리 등의 이야기를 준비하고,
이를 모두 엮어서 휴가 때 집에서 하는 일까지 정리할 수 있도록 해보세요.

Chapter 3 학습 방법

단계 1 주제 관련 문제들의 핵심 포인트를 파악한다.

단계 2 각 문제와 관련된 Chapter 1의 패턴 유형을 파악하고,
그 패턴에 맞추어 기본 답변 문장들을 학습한다.

단계 3 '표현 늘리기', '문법 실력 늘리기', '답안 늘리기' 등의
TIP들을 활용하여 탄탄한 답변을 연습한다.

단계 4 더 높은 점수를 공략한다면 '[IM 공략] 답변 Upgrade'의
부가적 문장들을 학습하고, 구체적인 설명을 더하여
자연스럽게 이야기하는 연습을 한다.

Unit 01 / 거주지 소개하기

Q₁ [동네 묘사] **I'd like to know about your neighborhood. What can you see in your neighborhood?**

당신이 살고 있는 동네에 대해 알고 싶습니다. 동네에는 무엇이 있나요?

문제 듣기 **Key words:** neighborhood, what, see

➔ STEP 1 기본 답변

MP3 03-01

① 동네 소개
저는 <u>송파동</u> 에 살고 있습니다.
I live in Songpadong.

② 위치
송파동은 <u>서울의 동쪽</u> 에 위치하고 있습니다.
It is located in the eastern part of Seoul.

③ 분위기
그곳은 <u>아주 조용하고 깨끗한</u> 지역입니다.
It is a very clean and quiet **area.**

④ 보이는 것 1
우리 동네에는 <u>많은 아파트 건물들</u> 을 볼 수 있습니다.
In my neighborhood, you will see many apartment buildings.

⑤ 보이는 것 2
또한 <u>학교, 슈퍼마켓, 공원들</u> 이 있습니다.
Also, there are schools, supermarkets and parks.

⑥ 마무리
전반적으로 우리 동네는 <u>살기</u> 좋은 곳입니다.
Overall, it is a good place to live.

어휘 | **my neighborhood** 우리 동네   **in the eastern part of** ~의 동쪽에   **clean** 깨끗한
quiet 조용한   **apartment buildings** 아파트 건물들

MP3 03-02

❶ 동네 소개 I live in Songpadong, **❷ 위치 which is located in the eastern part of Seoul.** You can get there easily by subway from anywhere in Seoul. **❸ 분위기 It is a very clean and quiet area,** so it is popular with newlyweds. **❹ 보이는 것 1 In my neighborhood, you will see many apartment buildings.** They are mostly old, but very clean. **❺ 보이는 것 2 Also, there are schools, supermarkets and parks.** Many people in this area usually get some exercise at the parks on weekends. **❻ 마무리 Overall, it is a good place to live.**

저는 서울 동쪽에 위치한 송파동에 살고 있습니다. 송파동까지는 서울 어디에서나 지하철로 쉽게 갈 수 있습니다. 송파동은 아주 깨끗하고 조용한 동네이기 때문에, 신혼부부들에게 인기가 있습니다. 우리 동네에는 많은 아파트 건물들을 볼 수 있습니다. 아파트 건물들은 대부분 오래 되었지만 매우 깨끗합니다. 또한, 학교, 슈퍼마켓과 공원도 있습니다. 이 지역의 많은 사람들은 보통 주말에 공원에서 운동을 합니다. 전반적으로 우리 동네는 살기 좋은 곳입니다.

어휘 **easily** 쉽게　**by subway** 지하철로　**anywhere** 어디에서(도)　**be popular with** ~에게 인기 있는
a newlywed 신혼 부부　**get exercise** 운동을 하다　**on weekends** 주말에

⊕ **STEP 3** 표현 늘리기: 동네의 위치/동네에서 볼 수 있는 건물, 시설들

동네의 위치　**in the eastern part of 지역이름** ~의 동부에
　　　　　　in the western part of 지역이름 ~의 서부에
　　　　　　in the southern part of 지역이름 ~의 남부에
　　　　　　in the northern part of 지역이름 ~의 북부에

동네에서 볼 수 있는 시설들　**shopping facilities** 상가　**restaurants** 음식점　**bars** 술집
　　　　　　　　　　　department stores 백화점　**coffee shops** 커피숍　**mountains** 산
　　　　　　　　　　　company buildings 회사 건물　**independent houses** 단독주택

Q₂ [살고 있는 집과 방 묘사] **Please describe your house. What does it look like? Can you also tell me about your favorite room?**

살고 있는 집을 묘사해주세요. 어떻게 생겼나요? 또한 가장 좋아하는 방에 대해 이야기해줄 수 있나요?

문제 듣기 **Key words:** describe, your house, look, your favorite room

STEP 1 기본 답변 유형 패턴 2 적용 (p.34)

(MP3 03-03)

① 집 소개
저는 <u>아파트</u> 에 살고 있습니다.
I live in an apartment.

② 분위기
우리 집은 항상 따뜻하고 밝습니다.
My house is always warm and bright.

③ 왼쪽 공간
<u>집</u> 에 들어서면 먼저 <u>제 방</u> 과 <u>여동생 방</u> 이 왼쪽에 보입니다.
When you enter my house, **you will see** my room and my sister's room **on the left.**

④ 오른쪽 공간
오른쪽에는 <u>부모님 방</u> 과 <u>거실</u> 이 있습니다.
On the right side, you will find my parents' room and the living room.

⑤ 가장 좋아하는 방
제가 가장 좋아하는 방은 <u>제 방</u> 입니다.
My favorite room is my room.

⑥ 이유
제 방은 <u>쉬기</u> 에 좋은 장소이기 때문에 좋아합니다.
It is a good place to relax.

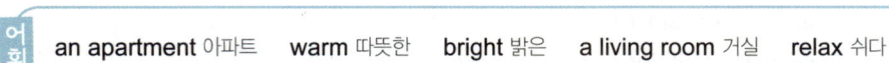

어휘 | **an apartment** 아파트   **warm** 따뜻한   **bright** 밝은   **a living room** 거실   **relax** 쉬다

MP3 03-04

❶ 집 소개 **I live in a** three-bedroom **apartment,** which is located in the eastern part of Seoul. ❷ 분위기 Since it faces south, **it is always warm and bright.** ❸ 왼쪽 공간 **When you enter my house, you will see my room and my sister's room on the left.** ❹ 오른쪽 공간 **On the right side, you will find my parents' room and the living room.** In the living room, there is a TV, a coffee table and a sofa. ❺ 가장 좋아하는 방 **My favorite room is my room.** ❻ 이유 I like my room because **it is a good place to relax.** I usually listen to music or read a book on my bed. Then, I feel very comfortable.

저는 서울의 동쪽에 위치한 방 3개 짜리 아파트에 살고 있습니다. 아파트는 남쪽을 바라보고 있어 항상 밝고 따뜻합니다. 집에 들어서면 왼쪽에 제 방과 여동생 방이 보입니다. 오른쪽에는 부모님 방과 거실이 보입니다. 거실에는 TV, 커피 테이블과 소파가 있습니다. 제가 가장 좋아하는 방은 제 방입니다. 저는 제 방이 쉬기 좋은 곳이기 때문에 좋습니다. 저는 보통 침대 위에서 음악을 듣거나 책을 읽습니다. 그러면 아주 편안함을 느낍니다.

어휘 **face** 바라보다　**south** 남쪽　**listen to music** 음악을 듣다　**read a book** 책을 읽다
comfortable (마음이) 편안한

→ **STEP 3** 표현 늘리기: 방의 종류

a living room 거실　　　　　**a kitchen** 주방
a dining room 주방　　　　**a bathroom** 화장실
a balcony 베란다　　　　　**a utility room** 다용도실
a study 서재　　　　　　　**a garden/courtyard** 마당/뜰

Q₃ **[살고 있는 집의 변화] Think about the time you moved into your house. How has your house changed since then?**

지금 살고 있는 집에 이사했던 때를 떠올려보세요. 그때부터 지금까지 집이 어떻게 변화해왔나요?

문제 듣기 **Key words:** time, moved into, your house, changed

STEP 1 기본 답변 유형 패턴 12 적용 (p.54)

MP3 03-05

❶ **도입**   우리집   에는 몇 가지 변화가 있어왔습니다.

There have been a few changes in my house.

❷ **이전의 상황**   우리 집에 처음 이사했을   때에는   벽 색깔이 모두 하얀색이었습니다   .

When I first moved into my house, the wall color was all white.

❸ **이전의 상황 묘사**   그때 당시에는   벽이 아주 깨끗했습니다   .

The wall was very clean **at that time.**

❹ **변화**   그러나 몇 년 후에   벽이 더러워졌습니다   .

A few years later, however, the wall became dirty.

❺ **현재의 상황**   지금은   벽지가 새 것이고 상아 색깔을 가지고   있습니다.

Now, the wallpaper is new, and it has an ivory color.

❻ **마무리**   저는 우리 집의 이런 변화가 좋습니다.

I like this new change in my house.

---

a few 몇몇의   move into ~으로 이사 오다   wall color 벽 색깔   become ~가 되다
dirty 더러운   wallpaper 벽지   ivory 상아색의

MP3 03-06

❶ 도입 There have been a few changes in my house. **❷ 이전의 상황 When I first moved into my house, the wall color was all white.** Also, we only had a few pieces of furniture. **❸ 이전의 상황 묘사 The wall was very clean** and bright **at that time.** Without many pieces of furniture, my house looked neat. **❹ 변화 A few years later, however, the wall became dirty** and messy. So my family decided to change the wallpaper and the color. **❺ 현재의 상황 Now, the wallpaper is new, and it has an ivory color.** We also have more furniture. **❻ 마무리 I like these new changes in my house.**

우리 집에는 몇 가지 변화가 있어왔습니다. 처음 집에 이사했을 때에는 벽 색깔이 모두 하얀색이었습니다. 또한 몇 개의 가구만 있었습니다. 그때 당시 벽은 아주 깨끗하고 밝았습니다. 많은 종류의 가구 없이 우리 집은 단정해 보였습니다. 하지만, 몇 년 후, 벽은 더럽고 지저분해졌습니다. 그래서 우리 가족은 벽지와 색깔을 바꾸기로 결정했습니다. 지금은 벽지가 새것이고 상아 색깔을 가지고 있습니다. 우리는 또한 더 많은 가구를 갖추고 있습니다. 저는 집의 이런 변화들이 좋습니다.

어휘

a piece of furniture 가구 한 점 *furniture은 셀 수 없는 명사이므로 piece로 셀 수 있습니다.
neat 정돈된, 말쑥한　**messy** 지저분한　**decide to 동사원형** ~하기로 결정하다

➔ **STEP 3 답변 늘리기: 동네의 변화 이야기하기**

다음 단어들과 표현들을 활용하여 동네의 변화에 대해서도 이야기해보세요.

[동네의 변화]　　　　　　　　　　　　　**a few changes in my neighborhood**

→ [이전의 상황] 작은 마을이었음　　　　**It was a small town.**

→ [이전의 상황 묘사] 동네에 학교와 집들 뿐이었음　**There were only schools and houses.**

→ [변화] 큰 쇼핑몰이 생김　　　　　　　**A big shopping mall was built.**

→ [현재의 상황] 많은 사람들이 쇼핑하러 옴　**Many people visit my neighborhood for shopping.**

Unit 02 / 가족과 함께 살기

Q1 [집안일 역할 분담] **What household responsibilities do you have at home? What are the responsibilities of your family members?**

당신이 집에서 맡은 집안일은 무엇인가요? 다른 가족들의 집안일 역할은 무엇인가요?

문제 듣기 **Key words:** household responsibilities, your family members

→ STEP 1 기본 답변

MP3 03-07

❶ 가족 소개 저는 ⎡아버지, 어머니와 여동생⎤ 과 함께 삽니다.
I live together with my father, mother and younger sister.

❷ 역할 분담 집에서 우리는 모두 집안일을 공유합니다.
At home, we all share house chores.

❸ 나의 역할 예를 들면, 저는 ⎡매일 제 방 청소⎤ 를 합니다.
For example, I clean up my room every day.

❹ 아버지의 역할 아버지는 주말에 ⎡쓰레기 분리수거⎤ 를 하십니다.
My father separates the garbage **on weekends.**

❺ 동생의 역할 제 여동생은 ⎡보통 식사 후 설거지⎤ 를 합니다.
My sister usually does the dishes after meals.

❻ 어머니의 역할 어머니께서는 그 밖의 모든 일을 다 하십니다.
My mother does almost everything else.

어휘 **share** 공유하다 **responsibilities** 맡은 역할 **house chores** 집안일 **clean up** 청소하다
separate 분리하다 **the garbage** 쓰레기 **do the dishes** 설거지를 하다 **else** 다른

MP3 03-08

❶ 가족 소개 **I live together with my father, mother and younger sister.** ❷ 역할 분담 **At home, we all share house chores.** ❸ 나의 역할 **For example, I clean up my room every day.** I have done this since my childhood. ❹ 아버지 역할 **My father separates the garbage on weekends.** He doesn't do any other house chores on weekdays because he is busy with his work. ❺ 동생의 역할 **My sister usually does the dishes after meals.** ❻ 어머니 역할 **My mother does almost everything else,** such as making meals and doing the laundry.

저는 아버지, 어머니, 여동생이 있고 우리는 같이 살고 있습니다. 집에서 우리는 모두 집안일을 공유합니다. 예를 들면, 저는 매일 제 방을 청소합니다. 저는 이 일을 어릴 때부터 했습니다. 아버지께서는 주말에 쓰레기 분리수거를 하십니다. 아버지께서는 주중에 집안일을 안 하시는데 일 때문에 바쁘시기 때문입니다. 제 여동생은 보통 식사 후에 설거지를 합니다. 어머니께서는 식사 준비, 세탁 등 그 밖에 거의 모든 일들을 하십니다.

 my childhood 어린 시절 **on weekdays** 주중에 **be busy with** ~로 바쁘다

STEP 3 표현 늘리기: 집안일의 종류

wash(do) the dishes 설거지를 하다
clean up rooms 방 청소를 하다
mop 대걸레로 닦다
arrange the things 정리 정돈을 하다
water the plants 식물에 물을 주다

do the laundry 빨래하다
vacuum 청소기를 돌리다
separate the garbage 분리수거를 하다
make meals 식사를 준비하다
go grocery shopping 장을 보다

Q2 | [집안일의 역할 변화] **What house chores did you do when you were a child? How have your responsibilities changed over time?**
어렸을 때 어떤 집안일을 했나요? 시간이 지나면서 그 역할은 어떻게 바뀌어왔나요?

문제 듣기 **Key words:** house chores, child, responsibilities, changed

---

➡ STEP 1 기본 답변 유형 패턴 12 적용 (p.54)

MP3 03-09

---

❶ 도입　　　　우리 집에서 제 역할　에는 몇 가지 변화가 있어왔습니다.
There have been a few changes in my responsibilities at home.

❷ 이전의 상황　　제가 어렸을　때에는　식물에 물을 주는 정도였습니다　.
When I was a child, I only watered the plants.

❸ 이전의 상황 묘사　그때 당시에는　너무 어렸습니다　.
I was too young **at that time.**

❹ 변화　　　　몇 년 후에는　제 방을 청소하기 시작했습니다　.
A few years later, I started to clean up my room.

❺ 현재의 상황　　지금은　집의 모든 방들을 청소합니다　.
Now, I clean up all rooms in my house.

어휘 | **only** 오직, ~만　**start to 동사원형** ~를 하기 시작하다

MP3 03-10

❶ 도입 **There have been a few changes in my responsibilities at home.**
❷ 이전의 상황 **When I was a child, I only watered the plants.** ❸ 이전의 상황 묘사 **I was too young** to do any other house chores **at that time.** ❹ 변화 **A few years later, I started to clean up my room** every day. My mom made me clean up my room after school. ❺ 현재의 상황 **Now, I clean up all rooms in my house** and sometimes I go grocery shopping with my mom. I try to help my mom as much as I can.

우리 집에서 제 역할에는 몇 가지 변화가 있어왔습니다. 제가 어렸을 때에는 식물에 물을 주는 정도만 했습니다. 그때 당시에는 다른 집안일을 하기에는 제가 너무 어렸습니다. 몇 년 후에 저는 매일 제 방 청소를 하기 시작했습니다. 어머니께서 학교 끝나면 제 방을 청소하게 하셨습니다. 지금은 집의 방들을 청소하고, 가끔 어머니와 장을 보러 갑니다. 할 수 있는 한 저는 어머니를 도우려고 노력합니다.

어휘

after school 방과 후에　　try to 동사원형 ~하려고 하다. 노력하다
as much as I can 할 수 있는 한

● STEP 3 문법 실력 늘리기: [사역동사 make/have/let+사람+동사원형] ~에게 ~하는 것을 시키다(만들다)

사역동사 make/have/let은 '시키다'의 의미로 이해할 수 있습니다. 이 중 make는 (거의 강제적으로) 무엇을 하게 하는 것을 의미, have는 부탁이나 요구하는 것을 의미, let은 허락이나 ~하게 놔두는 것을 의미하므로 각각의 의미 차이를 알고 사용해야 합니다.

ex **I let my sister use my cell phone.** 저는 제 여동생이 제 핸드폰을 쓰도록 허락했습니다.

If you see him, please have him call me. 그를 보면 내게 전화해달라고 해주세요.

My mother made me arrange the things in my room. 어머니께서 제게 제 방에 물건을 정리하게 하셨습니다.

Q3 [가족들과 주중/주말에 하는 일] **What do you do with your family on weekdays? What do you usually do with your family on weekends?**

가족들과 주중에는 보통 무엇을 하나요? 주말에는 가족들과 무엇을 하나요?

문제 듣기 **Key words:** what, usually, family, on weekdays, on weekends

➔ STEP 1 기본 답변

MP3 03-11

❶ 주중 낮에 하는 일 1 주중 낮 시간에는 우리는 거의 서로 보지 않습니다.

On weekdays, we rarely see each other during the daytime.

❷ 주중 낮에 하는 일 2 우리는 보통 각자의 일로 바쁩니다.

We are usually busy with our own work.

❸ 주중 저녁에 하는 일 그러나 저녁에는 ⬚ TV를 같이 보며 수다 떠는 ⬚ 것을 좋아합니다.

In the evening, however, we love to watch TV together and chat.

❹ 주말에 하는 일 1 주말에는 보통 ⬚ 같이 집안일을 ⬚ 합니다.

On weekends, we usually do our house chores together.

❺ 주말에 하는 일 2 가끔은 ⬚ 영화를 보러 가기도 ⬚ 합니다.

Sometimes, we go to the movies.

❻ 마무리 저는 저희 가족들과 보내는 시간이 항상 즐겁습니다.

I always enjoy the time with my family.

---

rarely 좀처럼 ~하지 않는   **during the daytime** 낮 시간 동안에   **in the evening** 저녁에
chat 수다를 떨다   **go to the movies** 영화를 보러 가다   **enjoy** 즐기다

MP3 03-12

❶ 주중 낮에 하는 일 1 **On weekdays, we rarely see each other during the daytime.**
❷ 주중 낮에 하는 일 2 **We are usually busy with our own work.** My parents spend most of their time at work, and I also have a lot of schoolwork. ❸ 주중 저녁에 하는 일 **In the evening, however, we love to watch TV together and chat** after dinner. We normally talk about our days. ❹ 주말에 하는 일 1 **On weekends, we usually do our house chores together.** ❺ 주말에 하는 일 2 **Sometimes, we go to the movies** at a nearby theater. After the movie is over, we love to discuss the movie's story. ❻ 마무리 **I always enjoy the time with my family.**

주중에 우리는 낮 시간에는 거의 보지 않습니다. 우리는 보통 각자의 일로 바쁩니다. 부모님은 대부분의 시간을 회사에서 보내시고, 저 또한 학교 일이 많습니다. 그러나 저녁에는 저녁 식사 후에 같이 TV를 보며 수다 떠는 것을 좋아합니다. 우리는 보통 일상생활에 대해 이야기를 합니다. 주말에는 보통 집안일을 같이 합니다. 가끔은 근처 극장으로 영화를 보러 갑니다. 영화가 끝난 후에는 영화 줄거리에 대해 이야기하는 것을 좋아합니다. 저는 항상 가족들과 있는 시간이 즐겁습니다.

어휘
spend 보내다　　a lot of 많은　　normally 보통
nearby 근처의　　over 끝이 난　　discuss 논의하다

→ STEP 3 표현 늘리기: 가족들과 함께 하는 일

go for coffee 커피를 마시러 가다
go to the movies 영화를 보러 가다
go for a walk together 같이 산책하러 가다
play badminton 배드민턴을 치다
play board games 보드게임을 하다
watch TV TV를 보다
do house chores 집안일을 하다
have dinner together 같이 저녁 식사를 하다
chat about our days 일상에 대해 수다 떨다

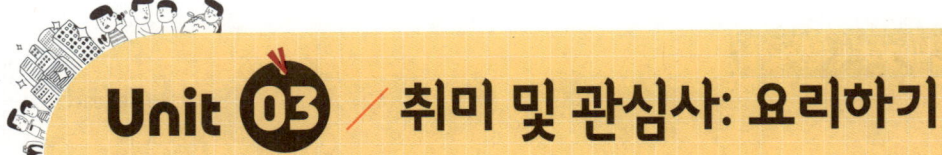

Unit 03 / 취미 및 관심사: 요리하기

Q₁

[좋아하는 요리와 요리 과정] **You indicated in the survey that you like to cook. What is your favorite dish to cook? How do you make it?**

당신은 설문에서 요리하는 것을 좋아한다고 답했습니다. 요리하기 가장 좋아하는 음식은 무엇인가요? 어떻게 그것을 만드나요?

문제 듣기 **Key words:** favorite dish, how, cook, make

⊙ STEP 1 기본 답변   유형 패턴 6 적용 (p.42)

MP3 03-13

❶ 요리 소개	저는 ⟨김치볶음밥⟩ 을 만드는 방법에 대해 이야기하고 싶습니다.
	I'd like to talk about how to cook kimchi fried rice.
❷ 단계 1	먼저, ⟨김치, 밥, 햄, 계란프라이를 준비⟩ 해야 합니다.
	First, you need to prepare kimchi, rice, ham and one fried egg.
❸ 단계 2	그리고 나서, ⟨김치와 햄을 잘게 자릅니다⟩.
	Then, chop the kimchi and the ham.
❹ 단계 3	그 후에는 ⟨그 재료들을 밥과 함께 볶습니다⟩.
	After that, stir-fry them with the rice.
❺ 단계 4	마지막으로 ⟨계란프라이를 더하면⟩ 다 완성된 것입니다!
	Finally, if you add the fried egg, **it's done!**

> 어휘
>
> **a dish** 요리, 음식   **cook, make** 요리하다   **prepare** 준비하다   **chop** 잘게 자르다
>
> **fried rice** 볶음밥   **stir-fry** 볶다   **add** 더하다

MP3 03-14

① 요리 소개 **I'd like to talk about how to cook kimchi fried rice.** It is my favorite dish to cook because the recipe is simple. I often cook this dish when I am home alone. ② 단계 1 To cook this dish, **you first need to prepare kimchi, rice, ham and one fried egg.** You can get these ingredients easily at a supermarket. ③ 단계 2 **Then, chop the kimchi and the ham.** ④ 단계 3 **After that, stir-fry them with the rice.** ⑤ 단계 4 **Finally, if you add the fried egg** on the top, **it's done!**

저는 김치볶음밥을 만드는 방법에 대해 이야기하고 싶습니다. 김치볶음밥은 제가 요리하기 가장 좋아하는 음식인데, 조리법이 간단하기 때문입니다. 저는 이 요리를 집에 혼자 있을 때 자주 합니다. 이 음식을 만들기 위해서는 먼저 김치, 밥, 햄, 계란프라이 하나를 준비해야 합니다. 이런 음식 재료들은 슈퍼마켓에서 쉽게 구할 수 있습니다. 그 다음에는 김치와 햄을 잘게 자릅니다. 그 후에 김치와 햄을 밥과 함께 볶습니다. 마지막으로 위에 계란프라이를 얹으면, 다 완성된 것입니다!

어휘   **a recipe** 조리법   **simple** 간단한   **alone** 혼자   **get** 얻다   **ingredients** 음식 재료

⊙ STEP 3 표현 늘리기: 조리 관련 동사

chop 잘게 자르다

slice 얇게 썰다

stir-fry (기름에) 볶다

fry 튀기다

simmer 약한 불에 끓이다

blanch (물에 살짝) 데치다

bake (빵 등을) 굽다

mix 풀다, 섞다

melt 녹이다

mince 다지다

sprinkle 뿌리다

heat the pan with oil 기름으로 팬을 달구다

boil 끓이다

steam 찌다

grill (고기 등을) 굽다

marinate (양념에) 재우다

add, put 넣다

cool 식히다

Q2 [식사 준비 과정] **What do you normally do when you prepare a meal? Please tell me everything you do in order to prepare a meal.**

식사를 준비할 때 보통 어떤 것들을 하나요? 식사를 준비하기 위해 하는 모든 것에 대해 이야기해 주세요.

문제 듣기 **Key words:** things, usually, prepare, a meal

⊙ STEP 1 기본 답변 유형 패턴 6 적용 (p.42)

MP3 03-15

❶ 소개	저는 식사를 준비 하는 방법에 대해 이야기하고 싶습니다.	
	I'd like to talk about how to prepare a meal.	
❷ 단계 1	먼저, 무엇을 요리할지 결정 해야 합니다.	
	First, you need to decide what to cook.	
❸ 단계 2	그리고 나서, 조리법을 확인 합니다.	
	Then, check the recipe for the food.	
❹ 단계 3	그 후에는 장을 보러 가서 음식 재료를 삽니다 .	
	After that, go grocery shopping and buy the ingredients.	
❺ 단계 4	마지막으로 조리 기구를 준비 하면 다 된 것입니다!	
	Finally, if you prepare kitchen utensils, **it's done!**	

---

 a meal 식사 **decide** 결정하다 **go grocery shopping** 장을 보러 가다
ingredients 음식 재료 **kitchen utensils** 조리 기구

⊂MP3 03-16⊃

① 소개 **I'd like to talk about how to prepare a meal. ②** 단계 1 **First, you need to decide what to cook. ③** 단계 2 **Then, check the recipe for the food.** You can search for the recipe on the Internet or from a cookbook. **④** 단계 3 **After that, go grocery shopping and buy the ingredients.** When you choose ingredients, you need to check for freshness. **⑤** 단계 4 **Finally, if you prepare** the ingredients and **kitchen utensils, it's done!** Now, cook the meal based on the recipe.

> 저는 식사를 준비하는 방법에 대해 이야기하고 싶습니다. 먼저 무엇을 요리할지 정해야 합니다. 그리고 나서 음식의 조리법을 확인합니다. 조리법은 인터넷이나 요리책에서 찾을 수 있습니다. 그 후에 장을 보러 가서 음식 재료를 구입합니다. 음식 재료를 선택할 때에는 신선도를 확인해야 합니다. 마지막으로 조리 기구를 준비하면 다 된 것입니다! 이제 조리법을 따라 음식을 요리해보세요.

어휘 | **search for** ~를 찾다　　**on the Internet** 인터넷에서
a cookbook 요리책　　**based on** ~를 바탕으로

⊕ **STEP 3** 문법 실력 늘리기: [의문사+to+동사원형]

[의문사+to+동사원형] 형태는 보통 주어나 목적어 자리에서 명사 역할을 합니다. '~할지'로 해석할 수 있습니다.

- **what to 동사**　　무엇을 ~ 할지　　ex **I don't know what to buy.** 무엇을 살지 모르겠습니다.
- **where to 동사**　　어디로 ~ 할지　　ex **I don't know where to go.** 어디로 가야 할지 모르겠습니다.
- **when to 동사**　　언제 ~ 할지　　ex **I don't know when to meet.** 언제 만나야 할지 모르겠습니다.
- **who to 동사**　　누가 ~ 할지　　ex **I know who to jog with me.** 저는 누구와 조깅을 할지 압니다.
- **how to 동사**　　어떻게 ~ 할지　　ex **I know how to cook this dish.** 이 음식을 어떻게 만드는지 압니다.

Q3 [최근 요리 경험] **Please tell me about the last time you cooked for someone else. What did you cook?**

가장 최근에 누군가를 위해 요리했던 경험에 대해 이야기해주세요. 무엇을 만들었나요?

문제 듣기 **Key words:** the last time, cooked, what

→ STEP 1 기본 답변 유형 패턴 8 적용 (p.46)

MP3 03-17

① 경험 시기
지난 주 일요일에 저는 [제 동생] 을 위해 요리했습니다.
Last Sunday, I cooked for my sister.

② 배경 설명
그때 당시 [저와 동생 둘만 집에 있었] 습니다.
My sister and I were at home alone **at that time.**

③ 준비 과정
저는 마트에 가서 재료를 구입했습니다.
I went to a supermarket and bought some ingredients.

④ 만든 음식
그리고는 [김치볶음밥] 을 만들었습니다.
Then, I cooked kimchi fried rice.

⑤ 요리에 대한 반응
[김치볶음밥] 의 맛은 정말 최고였습니다!
The taste of the dish **was awesome!**

⑥ 마무리
음식을 먹으며 우리는 좋은 시간을 보냈습니다.
We had a great time while we ate the dish.

어휘 **bought (buy의 과거형)** 샀다   **taste** 맛   **awesome** 기가 막히게 좋은, 굉장한

MP3 03-18

① 경험 시기 **Last Sunday, I cooked for my sister.** ② 배경 설명 **My sister and I were at home alone at that time.** We were very hungry. ③ 준비 과정 **So, I went to a supermarket and bought some ingredients** to cook something. ④ 만든 음식 **Then, I cooked Kimchi fried rice.** It was my favorite dish to cook, and the recipe was really simple. ⑤ 요리에 대한 반응 **The taste of the dish was awesome!** My sister loved my dish, and I was very proud of myself. ⑥ 마무리 **We had a great time while we ate the dish.**

지난 일요일에 저는 여동생을 위해 요리를 했습니다. 제 동생과 저는 그때 당시 집에 둘만 있었습니다. 우리는 매우 배가 고팠습니다. 그래서 저는 슈퍼마켓에 가서 요리할 음식 재료들을 샀습니다. 그리고 나서 김치볶음밥을 만들었습니다. 김치볶음밥은 제가 가장 요리하기 좋아하는 음식이고, 조리법은 정말 간단했습니다. 맛이 정말 좋았습니다! 동생은 제 음식을 좋아했고, 저는 제 자신이 뿌듯했습니다. 우리는 음식을 먹는 동안 좋은 시간을 가졌습니다.

어휘 | hungry 배가 고픈   be proud of ~가 자랑스러운

→ **STEP 3** 표현 늘리기: 음식 종류

noodles 국수
ramen 라면
spaghetti 스파게티
fried rice 볶음밥
kimchi stew 김치찌개
sandwich 샌드위치
spicy rice cake 떡볶이
pancakes 부침개
salad 샐러드
pizza 피자
chicken soup 삼계탕
soybean paste stew 된장찌개
a chicken dish 닭 요리
a beef dish 소고기 요리
a pork dish 돼지고기 요리

Unit 04 / 휴가: 집에서 보내는 휴가

Q₁ [집에서 휴가를 보낼 때 하는 일] **You indicated in the survey that you like to stay at home during your vacations. What do you usually do when you stay at home on your vacations?**

당신은 설문에서 휴가 기간에 집에 있는 것을 좋아한다고 답했습니다. 휴가 때 집에 있으면서 주로 무엇을 하나요?

문제 듣기 **Key words: what, usually, do, stay, home, vacations**

⊕ STEP 1 기본 답변

MP3 03-19

❶ 휴가 기간
저는 보통 [3일] 동안 집에서 휴가를 보냅니다.
I usually have vacations for three days **at home.**

❷ 하는 일 1
집에 있는 동안에 저는 보통 [밀린 잠을 잡니다].
While I am at home, I usually catch up on sleep.

❸ 구체적인 설명
이 시간이 휴가 기간 때 가장 행복한 시간입니다.
This is the happiest time during my vacations.

❹ 하는 일 2
가끔은 [가족들을 위해 요리를 합니다].
Sometimes, I cook for my family.

❺ 하는 일 3
충분한 시간이 있으면, [집안일]을 합니다.
When I have enough time, I do house chores.

❻ 마무리
전반적으로 제 휴가는 꽤 여유롭습니다.
Overall, my vacations are very relaxing.

어휘 | **a vacation** 휴가 **catch up on sleep** 밀린 잠을 자다 **the happiest** 가장 행복한
during ~동안에 **enough** 충분한 **relaxing** 여유로운

MP3 03-20

❶ 휴가 기간 I usually have vacations for three days at home. ❷ 하는 일 1 While I am at home, I usually catch up on sleep. I sleep for hours and hours each day. **❸ 구체적인 설명 This is the happiest time during my vacations. ❹ 하는 일 2 Sometimes, I cook for my family.** I can cook very good chicken dishes, and my family loves my dishes. **❺ 하는 일 3 When I have enough time, I do house chores** to help my mom. Normally, I don't do much housework because I'm busy with my schoolwork. **❻ 마무리 Overall, my vacations are very relaxing.**

저는 보통 3일 동안 집에서 휴가를 보냅니다. 집에 있는 동안에 저는 보통 밀린 잠을 잡니다. 하루에 몇 시간이고 잠을 잡니다. 이 시간이 휴가 기간 때 가장 행복한 시간입니다. 가끔은 가족을 위해 요리를 합니다. 저는 닭 요리를 아주 잘 할 수 있고, 우리 가족들은 제 요리를 좋아합니다. 충분한 시간이 있으면 엄마를 돕기 위해 집안일을 합니다. 보통 저는 집안일을 많이 하지 못하는데 학교 일로 바쁘기 때문입니다. 전반적으로 제 휴가는 꽤 여유롭습니다.

for hours and hours 몇 시간이나   house chores, housework 집안일   be busy with ~로 바쁘다

→ STEP 3 표현 늘리기: 휴가 기간 때 집에서 하는 활동

read books or magazines 책이나 잡지를 읽다
watch DVD movies DVD 영화를 보다
surf the Internet 인터넷을 하다
catch up on sleep 밀린 잠을 자다
listen to music 음악을 듣다
hang around the house 집에서 뒹굴다
take naps 낮잠을 자다
invite my friends over 집으로 친구를 초대하다
play computer/mobile games 컴퓨터/휴대폰 게임을 하다

 **Q2** [휴가 중 방문하는 사람들] **When you stay at home on vacations, who usually visits you? What do you normally do with them?**

휴가 중 집에 있을 때, 누가 당신의 집을 방문하나요? 그들과 주로 무엇을 하나요?

문제듣기 **Key words:** who, visit, vacations, what, do

➔ STEP 1 기본 답변

MP3 03-21

| ❶ 도입 | 휴가 기간 동안에 저를 방문하는 사람은 몇 명 있습니다. |
| | **I have a few visitors during my vacations.** |

| ❷ 방문자 1 | 보통 [저와 가장 친한 친구인 민경이] 가 방문합니다. |
| | **Usually,** my best friend, Minkyung, **visits me.** |

| ❸ 하는 일 1 | 그녀가 집에 오면, 우리는 보통 [DVD 영화를 함께 봅니다] . |
| | **When she comes, we normally** watch DVD movies together. |

| ❹ 하는 일 2 | 또한 [같이 요리를 해 먹는] 것을 좋아하기도 합니다. |
| | **Also, we love to** cook and eat some dishes. |

| ❺ 방문자 2 | 가끔은 [친척들] 이 방문하기도 합니다. |
| | **Sometimes,** my relatives **visit me.** |

| ❻ 하는 일 | 우리는 보통 [같이 식사를] 합니다. |
| | **We usually** have a meal together. |

 어휘 **a few** 몇몇의   **a visitor** 방문자   **my best friend** 가장 친한 친구   **a relative** 친척

MP3 03-22

❶ 도입 **I have a few visitors during my vacations.** ❷ 방문자 1 **Usually, my best friend, Minkyung, visits me.** ❸ 하는 일 1 **When she comes, we normally watch DVD movies together.** We both like to watch action movies. ❹ 하는 일 2 **Also, we love to cook and eat some dishes.** ❺ 방문자 2 **Sometimes, my relatives visit me.** They live close to my house. ❻ 하는 일 **We usually have a meal together** and talk about our days. We always have a great time together.

휴가 기간 동안에 저를 방문하는 사람은 몇 명 있습니다. 보통 저와 가장 친한 친구인 민경이가 방문합니다. 그녀가 집에 오면, 우리는 보통 DVD 영화를 함께 봅니다. 둘 다 액션 영화를 좋아합니다. 또한 같이 요리를 해 먹는 것을 좋아하기도 합니다. 가끔은 친척들이 방문합니다. 우리는 보통 식사를 하며 일상에 대한 이야기를 합니다. 우리는 함께 항상 좋은 시간을 갖습니다.

both 둘 다   **an action movie** 액션 영화   **live close** 가까이에 살다

→ STEP 3 표현 늘리기: 휴가 때 집에서 사람들과 함께 하는 일

watch TV TV를 보다
spend time chatting 이야기를 하며 시간을 보내다
have lunch/dinner 점심/저녁을 먹다
play board games 보드 게임을 하다
play card games 카드 게임을 하다
watch sports games 스포츠 경기를 보다
have tea/coffee 차/커피를 마시다
have food delivered 음식을 배달시키다

Q₃ [집에서 보낸 최근 휴가] Can you tell me about your last vacation at home? Did anyone visit your home? What did you do on your vacation at home?

집에서 보낸 가장 최근 휴가에 대해 이야기해줄 수 있나요? 누가 당신의 집을 방문했나요? 휴가 때 집에서 무엇을 했나요?

문제 듣기 **Key words:** last vacation, at home, visit, what, do

➔ STEP 1 기본 답변

(MP3 03-23)

❶ 경험 시기
지난 여름에 저는 휴가를 집에서 보냈습니다.
Last summer, I had a vacation at home.

❷ 배경 설명
그때 당시 저는 집에서 ___3일___ 을 보냈습니다.
I spent three days at home **at that time.**

❸ 한 일
집에 있는 동안에 저는 ___밀린 잠을 잤습니다___.
While I was home, I caught up on sleep.

❹ 방문한 사람
마지막 날에는 ___제 친구___ 가 집을 방문합니다.
On the last day, my friend **visited me.**

❺ 방문한 사람과 한 일
우리는 같이 ___DVD 영화를 봤습니다___.
We watched DVD movies **together.**

❻ 마무리
정말 여유로운 휴가였습니다.
It was such a relaxing vacation.

 had (have의 과거형) 가졌다, 있었다   spent (spend의 과거형) 보냈다
caught (catch의 과거형) 따라 잡다   on the last day 마지막 날에

（MP3 03-24）

❶ 경험 시기 **Last summer, I had a vacation at home** because I wanted to take a rest. ❷ 배경 설명 **I spent three days at home at that time.** ❸ 한 일 **While I was home, I caught up on sleep.** It was the happiest moment during my vacation. ❹ 방문한 사람 **On the last day, my friend visited me.** She lives very close to me, so she visits me often. ❺ 방문한 사람과 한 일 **We watched DVD movies together** for four hours. Then, we had tea and talked about our school lives. ❻ 마무리 **It was such a relaxing vacation.**

지난 여름에 저는 휴가를 집에서 보냈는데 휴가 기간 때 쉬고 싶었기 때문입니다. 그때 당시 저는 집에서 3일을 보냈습니다. 집에 있는 동안에 저는 밀린 잠을 잤습니다. 그 순간이 휴가 때 가장 행복했던 순간이었습니다. 마지막 날에는 제 친구가 집을 방문했습니다. 그녀는 저랑 가까이에 살고, 저를 가끔 방문합니다. 우리는 같이 4시간 동안 DVD 영화를 봤습니다. 그리고 나서 차를 마시며 학교 생활에 대해 이야기했습니다. 정말 여유로운 휴가였습니다.

어휘 **take a rest** 휴식을 취하다   **a moment** 순간, 때   **a school life** 학교 생활

⊙ **STEP 3** 문법 실력 늘리기: OPIc에서 자주 쓰는 불규칙 동사의 과거형

do 하다 → **did**

come 오다 → **came**

teach 가르치다 → **taught**

feel 느끼다 → **felt**

become 되다 → **became**

know 알다 → **knew**

have 갖다 → **had**

eat 먹다 → **ate**

make 만들다 → **made**

choose 선택하다 → **chose**

give 주다 → **gave**

meet 만나다 → **met**

go 가다 → **went**

drink 마시다 → **drank**

buy 사다 → **bought**

forget 잊다 → **forgot**

hear 듣다 → **heard**

spend 보내다 → **spent**

Chapter 04

나의 문화생활:
스토리에 빠지기

OPIc Background Survey 설문지 선택

4. 여가 시간에는 어떤 활동을 하십니까? (두 개 이상 선택)

- 영화보기
- 콘서트보기
- 캠핑가기
- 집안일 거들기
- 게임하기 (비디오, 카드, 보드, 휴대폰 등)
- 체스하기
- 시험대비 과정 수강하기
- 요리 관련 프로그램 시청하기
- 스파가기

- 클럽/나이트클럽 가기
- 박물관가기
- 해변가기
- 술집/바에 가기

- SNS(페이스북,트위터,싸이월드 등)에 글 올리기

- 구직활동하기

- 공연보기
- 공원가기
- 스포츠 관람
- 카페/커피전문점에 가기
- 당구치기
- 친구들에게 문자보내기
- 뉴스를 보거나 듣기
- 차로 드라이브하기
- 자원봉사하기

OPIc Background Survey의 여가 활동 항목인 '영화 보기'와 '공연 보기'는 하나의
스토리를 관람한다는 점에서 주제와 문제 유형이 거의 비슷합니다.
그렇기 때문에 OPIc 시험의 12~15문제에서
'영화 보기'와 '공연 보기' 두 주제가 같이 출제될 확률은 적습니다.
따라서 두 주제에 대한 문제를 효율적으로 대비할 수 있도록
이야깃거리를 같이 엮어 준비할 수 있도록 합니다.
또한 '공연 보기'는 Chapter 5에서 다루게 될
'콘서트 보기'와 문제 유형이 거의 비슷하기 때문에
미리 '콘서트 보기'에 대한 답변 패턴도 함께 생각해보세요.

Chapter 4 공통 주제 이야깃거리 준비하기

설정 1 [자주 가는 영화관/극장] 내가 자주 가는 영화관/극장은 집에서 가깝고,
다른 곳보다 시설이 좋기 때문에 간다!

설정 2 [영화/공연 전후에 하는 일] 영화/공연 전에는 티켓 구매와 간식거리를 사고,
관람 후에는 친구와 커피숍에서 줄거리에 대한 이야기하기!

설정 3 [가장 감명 깊게 본 영화/공연] 내가 제일 좋아하는 영화는 '맘마미아',
내가 제일 감명 깊게 본 연극도 '맘마미아'.

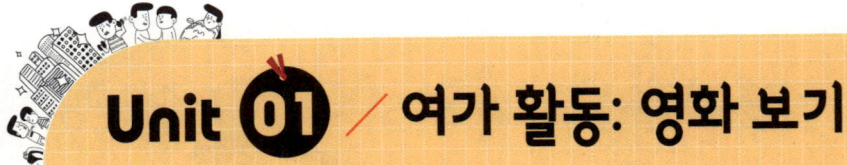

Unit 01 / 여가 활동: 영화 보기

Q₁ [자주 가는 영화관] **You indicated in the survey that you like to watch movies. Can you tell me about the movie theater you often go to? Where is it? Why do you often go there?**

당신은 설문에서 영화 관람을 좋아한다고 답했습니다. 자주 가는 영화관에 대해 이야기해줄 수 있나요? 그 영화관은 어디에 있나요? 왜 그 영화관에 자주 가나요?

문제 듣기 **Key words:** movie theater, where, why, often, go

→ STEP 1 기본 답변 유형 패턴 3 적용 (p.36)

〔MP3 04-01〕

❶ 장소 소개	저는 롯데시네마 에 자주 갑니다.	
	I often go to Lotte Cinema.	
❷ 위치	그 영화관은 서울 에 있습니다.	
	It is located in Seoul.	
❸ 특징	그곳은 젊은 사람들 에게 인기가 있습니다.	
	This place is very popular with young people.	
❹ 가게 된 이유	제가 그곳에 자주 가는 이유는 몇 가지 있습니다.	
	There are a few reasons I often go there.	
❺ 이유 1	먼저, 그곳은 우리 집에서 아주 가깝습니다.	
	First, it is very close to my house.	
❻ 이유 2	또한, 그곳은 다른 영화관보다 더 좋은 시설들을 갖추고 있습니다.	
	Also, it has better facilities than other movie theaters.	
❼ 마무리	전반적으로 롯데시네마는 영화를 보기 에 좋은 곳입니다.	
	Overall, it is a good place to watch movies.	

어휘 **be popular with** ~에게 인기 있는   **a reason** 이유   **close** 가까운   **facilities** 시설들

MP3 04-02

❶ 장소 소개 I often go to Lotte Cinema. ❷ 위치 It is located in the western part of **Seoul. ❸ 특징 This place is very popular** especially **with young people.** When you go there on weekends, you will see many college students. **❹ 가게 된 이유 There are a few reasons I often go there. ❺ 이유 1 First, it is very close to my house.** It only takes five minutes on foot to get there. **❻ 이유 2 Also, it has better facilities than other movie theaters.** For example, the theater has 12 screening rooms and a big parking lot. **❼ 마무리 Overall, it is a good place to watch movies.**

> 저는 롯데시네마에 자주 갑니다. 그 영화관은 서울의 서부에 위치해 있습니다. 그곳은 특히 젊은 사람들에게 인기가 있습니다. 주말에 그 극장에 가면 많은 대학생들을 볼 수 있습니다. 제가 그곳에 가는 이유는 몇 가지가 있습니다. 먼저, 그곳은 우리 집에서 아주 가깝습니다. 그곳까지는 걸어서 5분 밖에 걸리지 않습니다. 또한 다른 영화관보다 더 좋은 시설들을 갖추고 있습니다. 예를 들면, 12개의 상영관과 큰 주차장을 가지고 있습니다. 전반적으로 롯데시네마는 영화를 보기에 좋은 곳입니다.

어휘
in the western part of ~의 서부에   on weekends 주말에
a college student 대학생   it takes+시간 ~이 걸리다

⊙ **STEP 3** 표현 늘리기: 영화관 시설

a movie theater, a cinema 영화관
a ticket assistant 매표 직원
a snack bar, a concession stand 매점
a ticket vending machine 표 자동판매기
a lobby 로비
a 3D movie 3D 영화
a VIP room VIP 상영관
a game arcade 오락실

a multiplex theater 복합 상영관
a box office 매표소
a screening room 상영관
a restroom 화장실
a parking lot 주차장
an IMAX screen 아이맥스 스크린
the acoustics 음향시설

• **답변 늘리기 TIP – 자주 가는 극장에 대해 이야기하기**
자주 가는 영화관(a movie theater) 대신 자주 가는 극장/공연장(a theater)에 대해 같은 내용으로 [기본 답변] 패턴을 이용해 답변을 연습해보세요.

 **Q₂** | [영화 보기 전후에 하는 일] **What do you usually do before you watch a movie? What do you do after the movie?**
영화 보기 전에는 보통 무엇을 하나요? 영화 후에는 무엇을 하나요?

문제 듣기 **Key words:** usually, do, before, after, movie

● STEP 1 기본 답변 | 유형 패턴 7 적용 (p.44)

MP3 04-03

❶ 관람 빈도 및 시기	저는 한 달에 한 번, 특히 주말에 영화를 봅니다 .	
	I watch a movie once a month, usually on weekends.	
❷ 같이 가는 사람	저는 제 여자 친구 와 자주 영화를 봅니다 .	
	I often watch a movie **with my** girlfriend.	
❸ 자주 가는 영화관	우리는 보통 롯데시네마 에 갑니다.	
	We normally go to Lotte Cinema.	
❹ 도착하자마자 하는 일	그곳에 도착하면 우리는 먼저 티켓을 삽니다 .	
	When we arrive there, we first buy tickets.	
❺ 그 다음 하는 일	그리고 나서 간식거리와 음료수를 삽니다 .	
	Then, we buy some snacks and sodas.	
❻ 관람 후에 하는 일	영화 후에는 커피를 마시러 가서 줄거리에 대해 이야기를 합니다 .	
	After the movie, **we** go for coffee and talk about the story.	

어휘 | **watch a movie** 영화를 보다   **normally** 보통   **arrive** 도착하다   **a snack** 간식
a soda 음료수   **go for coffee** 커피를 마시러 가다

MP3 04-04

❶ 관람 빈도 및 시기 **I watch a movie once a month, usually on weekends** ❷ 같이 가는 사람 **I often watch a movie with my girlfriend** because we both like movies. ❸ 자주 가는 영화관 **We normally go to the Lotte Cinema,** which is located in the western part of Seoul. It is very close to my house. ❹ 도착하자마자 하는 일 **When we arrive there, we first buy tickets.** ❺ 그 다음 하는 일 **Then, we buy some snacks and sodas** that we like. ❻ 관람 후에 하는 일 **After the movie, we go for coffee and talk about the story.** However, when we feel tired, we go straight home.

저는 한 달에 한 번, 특히 주말에 영화를 봅니다. 저는 제 여자 친구와 자주 영화를 보는데, 둘 다 영화를 좋아하기 때문입니다. 우리는 보통 서울 서부에 위치한 롯데시네마에 갑니다. 롯데시네마는 우리 집에서 아주 가깝습니다. 그곳에 도착하면 우리는 먼저 티켓을 삽니다. 그리고 나서 우리가 좋아하는 간식거리와 음료수를 삽니다. 영화 후에는 커피를 마시러 가서 줄거리에 대해 이야기를 합니다. 하지만 피곤할 때는 곧장 집에 가기도 합니다.

어휘 **both** 둘 다   **tired** 피곤한   **straight** 곧장

⊙ **STEP 3** 표현 늘리기: 활동 빈도수 이야기하기

한 번 **once**
　　ex **once a week** 일주일에 한 번   **once a month** 한 달에 한 번   **once every two months** 두 달에 한 번

두 번 **twice**
　　ex **twice a week** 일주일에 두 번   **twice a month** 한 달에 두 번

세 번 **three times** (세 번 이상부터 [숫자+times]의 형태를 이용합니다.)
　　ex **three times a month** 한 달에 세 번   **three times a year** 일년에 세 번

Q3 [좋아하는 영화 장르와 배우] **What kind of movies do you like to watch? Can you also tell me about your favorite actor or actress?**

어떤 종류의 영화 보기를 좋아하나요? 또한 가장 좋아하는 배우에 대해 이야기해줄 수 있나요?

문제 듣기 **Key words:** what kind, movies, see, favorite actor, actress

---

⊙ STEP 1 기본 답변 유형 패턴 5 적용 (p.40)

MP3 04-05

---

❶ 좋아하는 장르   저는 [액션 영화] 를 가장 좋아합니다.

I like action movies **the most.**

❷ 좋아하는 이유   저는 [액션 영화] 를 볼 때마다 스트레스가 풀립니다.

Whenever I watch action movies, **I relieve stress.**

❸ 좋아하는 배우   제가 제일 좋아하는 영화배우는 [브루스 윌리스] 입니다.

My favorite movie star is Bruce Willis.

❹ 이유 1   저는 그의 매력적인 목소리와 외모를 좋아합니다.

I like his attractive voice and appearance.

❺ 이유 2   또한, 그의 [영화들] 은 언제나 훌륭합니다.

Also, his movies **are always excellent.**

❻ 마무리   전반적으로 그는 정말 좋은 배우입니다.

Overall, he is such a great actor.

어휘   **an actor** 남자 배우   **an actress** 여자 배우   **relieve stress** 스트레스를 풀다
     attractive 매력적인   **appearance** 외모   **excellent** 훌륭한

STEP 2 답변 Upgrade IM 공략

1 좋아하는 장르 I love most kinds of movies, but **I like action movies the most.**
2 좋아하는 이유 **Whenever I watch action movies, I relieve stress.** Also, the movie story is very simple and exciting. **3** 좋아하는 배우 **My favorite movie star is Bruce Willis.** He is a world-famous American actor. **4** 이유 1 **I like his attractive voice and appearance.** **5** 이유 2 **Also, his movies are always excellent.** He shows great acting skills all the time. **6** 마무리 **Overall, he is such a great actor.**

저는 대부분의 영화를 좋아하지만, 액션 영화를 가장 좋아합니다. 저는 액션 영화를 볼 때마다 스트레스가 풀립니다. 또한 영화 줄거리가 아주 간단하고 재미있습니다. 제가 가장 좋아하는 배우는 브루스 윌리스입니다. 그는 세계적으로 유명한 미국 배우입니다. 저는 그의 매력적인 목소리와 외모가 좋습니다. 또한 그의 영화들은 항상 훌륭합니다. 항상 좋은 연기 실력을 보여줍니다. 전반적으로 그는 정말 좋은 배우입니다.

어휘
simple 간단한　**exciting** 재미있는　**world-famous** 세계적으로 유명한
acting skills 연기 실력　**all the time** 항상

STEP 3 답변 늘리기: 영화 장르

· 장르 명 뒤에 movies를 붙여 표현하세요.

action 액션	**adventure** 모험
animation 애니메이션	**comedy** 코메디
classic 고전	**documentary** 다큐멘터리
drama 드라마	**family** 가족
fantasy 판타지	**horror** 공포
mystery 미스터리	**romance** 로맨스
science fiction 공상과학	**romantic comedy** 로맨틱 코미디
thriller 스릴러	**sports** 스포츠

Unit 02 / 여가활동: 공연 보기

Q₁ [공연 전후에 하는 일] **How often do you go to see performances? Who do you usually go with? What do you do before and after the performances?**

얼마나 자주 공연을 보러 가나요? 주로 누구랑 가나요? 공연에 가기 전후에는 무엇을 하나요?

문제 듣기 **Key words:** how often, who, go, before, after, performances

➔ **STEP 1 기본 답변** 유형 패턴 7 적용 (p.44)

MP3 04-07

❶ **관람 빈도 및 시기**
저는 한 달에 한 번, 주로 주말에 　공연을 보러 갑니다　.
I go to see a performance **once a month, usually on weekends.**

❷ **같이 가는 사람**
저는 　가장 친한 친구　 와 자주 　공연을 봅니다　.
I often see a performance **with my** best friend.

❸ **자주 가는 영화관**
우리는 보통 　서울 아트센터　 에 갑니다.
We normally go to the Seoul Art Center.

❹ **도착하자마자 하는 일**
그곳에 도착하면 우리는 먼저 　티켓을 삽니다　.
When we arrive there, we first buy tickets.

❺ **그 다음 하는 일**
그리고 나서 　안내책자와 음료수를 삽니다　.
Then, we buy a program and sodas.

❻ **관람 후에 하는 일**
　공연　 　후에는　 　커피를 마시러 가서 줄거리에 대해 이야기를 합니다　.
After the performance, we go for coffee and talk about the story.

어휘
a performance 공연　　**go to see a performance** 공연을 보러 가다
a program (연극, 콘서트 등의 안내를 담은) 프로그램 책자

◖MP3 04-08 ◗

① 관람 빈도 및 시기 **I go to see a performance once a month, usually on weekends.**
② 같이 가는 사람 **I often see a performance with my best friend** because we both like performances, especially musicals. **③** 자주 가는 영화관 **We normally go to the Seoul Art Center.** which is located in the western part of Seoul. **④** 도착하자마자 하는 일 **When we arrive there, we first buy tickets. ⑤** 그 다음 하는 일 **Then, we buy a program and sodas.** We love to talk about the characters while reading the program. **⑥** 관람 후에 하는 일 **After the performance, we go for coffee and talk about the story.** However, when we feel tired, we go straight home.

> 저는 한 달에 한 번, 주로 주말에 공연을 보러 갑니다. 저는 가장 친한 친구와 자주 공연을 보는데, 둘 다 공연을 좋아하기 때문입니다. 우리는 특히 뮤지컬 보는 것을 좋아합니다. 우리는 보통 서울 서부에 위치한 서울 아트센터에 갑니다. 그곳에 도착하면 우리는 먼저 티켓을 삽니다. 그리고 나서 음료수와 안내책자를 삽니다. 우리는 안내책자를 보는 동안 등장인물에 대해 이야기하는 것을 좋아합니다. 공연 후에는 커피를 마시러 가서 줄거리에 대해 이야기를 합니다. 하지만 피곤할 때는 곧장 집에 가기도 합니다.

어휘 | **a musical** 뮤지컬 　**a play** 연극 　**a character** 등장인물 　**straight** 곧장

⊙ **STEP 3** 답변 늘리기: 콘서트 전후에 주로 하는 일에 대해 이야기하기

Chapter 5에서 다루게 될 '콘서트 가기' 주제 항목에 대비해 보통 얼마나 자주, 누구와, 콘서트 보기 전후에는 무엇을 하는지 [기본 답변] 패턴을 이용해 연습해보세요.

표현 TIP 　콘서트를 보러 가다 **go to see a concert**
　　　　　콘서트를 보다 **see/watch a concert**
　　　　　공연 가수에 대해 이야기하다 **talk about the singer**

Q₂ [가장 기억에 남는 공연] **What was the most memorable performance you've seen? How was it?**

여태까지 본 공연 중 가장 기억에 남는 공연은 무엇인가요? 그 공연을 어땠나요?

문제 듣기 Key words: most memorable performance

➔ STEP 1 기본 답변

MP3 04-09

① 기억에 남는 공연　저는 [맘마미아]를 가장 많이 기억합니다.
I remember *Mamma Mia* **the most.**

② 공연 종류　맘마미아는 유명한 [뮤지컬]입니다.
It is a famous musical.

③ 공연을 본 시기　저는 그 공연을 [작년]에 [여자친구]와 봤습니다.
I watched it with my girlfriend last year.

④ 공연 줄거리　맘마미아는 [결혼식을 위해 아버지를 찾으려는 한 신부]의 이야기입니다.
It is about a bride who tries to find her father for her wedding.

⑤ 기억에 남는 이유　저는 [그 뮤지컬의 음악]이 좋았기 때문에 기억에 남습니다.
I remember this performance because the music was great.

⑥ 마무리　에바 씨도 [뮤지컬]을 좋아한다면 이 공연을 추천하고 싶습니다.
Eva, if you like musicals, **I recommend this performance for you.**

어휘　**remember** 기억하다　**a bride** 신부　**a wedding** 결혼　**recommend** 추천하다

MP3 04-10

❶ 기억에 남는 공연 **I remember *Mamma Mia* the most.** ❷ 공연 종류 **It is a famous musical.** ❸ 공연을 본 시기 **I watched it with my girlfriend last year.** We won free tickets for this musical. ❹ 공연 줄거리 **It is about a bride who tries to find her father for her wedding,** and she discovers her mother's three old lovers. ❺ 기억에 남는 이유 **I remember this performance because the music was great.** All of the songs are very positive and lively. ❻ 마무리 **Eva, if you like musicals, I recommend this performance for you.**

저는 맘마미아를 가장 많이 기억합니다. 맘마미아는 유명한 뮤지컬입니다. 저는 그 공연을 작년에 여자친구와 봤습니다. 우리는 공짜 티켓에 당첨됐었습니다. 맘마미아는 결혼식을 위해 아버지를 찾으려는 한 신부에 대한 이야기이고, 그녀는 어머니의 지난 세 연인들을 발견하게 됩니다. 저는 그 뮤지컬의 음악이 좋았기 때문에 기억에 남습니다. 그 공연의 모든 노래들이 매우 긍정적이고 경쾌합니다. 에바 씨도 뮤지컬을 좋아한다면 이 공연을 추천하고 싶습니다.

어휘 **won** (win의 과거형) 이겼다. 쟁취했다. 당첨됐다 **free** 무료의 **discover** 발견하다
a lover 연인 **positive** 긍정적인 **lively** 생기 넘치는, 활기찬

⊕ STEP 3 표현 늘리기: 특정 공연이 기억에 남는 이유

It has a great plot. 훌륭한 이야기를 가지고 있다.
The acting was great. 배우들의 연기가 훌륭했다.
It had an all-star cast. 내가 좋아하는 배우들이 모두 출연했다.
I liked the director. 그 공연의 감독을 좋아했다.
The stage effects were great. 무대 효과가 훌륭했다.

Q₃ [공연에 처음 관심을 갖게 된 계기] **How did you first become interested in watching performances?**
처음에 어떻게 공연 관람에 관심을 가지게 되었나요?

문제 듣기 **Key words:** how, first, interested, performances

→ **STEP 1 기본 답변** 유형 패턴 9 적용 (p.48)

(MP3 04-11)

❶ 처음 경험 시기　저는　5년　전에 처음으로　공연을 봤습니다 .
I first watched a performance about five **years ago**.

❷ 그 전의 상황　그때까지만 해도, 저는　공연　에 대해 잘 몰랐습니다.
Until that time, I didn't know much about performances.

❸ 관심을 갖게 된 사건　어느 날, 제 친구가 재미로　뮤지컬을 보러 가자고　했습니다.
One day, my friend suggested watching a musical **for fun.**

❹ 영향을 준 사람　그는 제게　뮤지컬을 감상하는　법을 가르쳐 주었습니다.
He taught me how to appreciate a musical.

❺ 활동 후의 변화　그 뮤지컬을 보면서　저는 스트레스가 풀리는 것을 느꼈습니다.
While I was watching the musical, **I felt that I relieved stress.**

❻ 마무리　지금은 적어도　1년　에 한 번 정도　공연을 보러 갑니다 .
Now, I go to see a performance **at least once a** year.

어휘 until ～까지　**one day** 어느 날　**suggest** 제안하다　**for fun** 재미로
appreciate 감상하다　**at least** 적어도

MP3 04-12

❶ 처음 경험 시기 **I first watched a performance about five years ago.** ❷ 그 전의 상황 **Until that time, I didn't know much about performances,** and I thought watching performances was expensive. ❸ 관심을 갖게 된 사건 **One day, my friend suggested watching a musical for fun.** We went to see the musical, *Greece*. It was great and I could feel the lively atmosphere. ❹ 영향을 준 사람 **My friend taught me how to appreciate a musical.** ❺ 활동 후의 변화 **While I was watching the musical, I felt that I relieved stress.** I also loved the music and the story. ❻ 마무리 **Now, I go to see a performance at least once a** year.

> 저는 5년 전에 처음으로 공연을 봤습니다. 그때까지만 해도, 저는 공연에 대해 잘 몰랐고 공연 보는 것은 비싸기만 하다고 생각했습니다. 어느 날, 제 친구가 재미로 뮤지컬을 보러 가자고 했습니다. 우리는 '그리스'라는 뮤지컬을 보러 갔습니다. 그 뮤지컬은 훌륭했고, 저는 현장의 생생한 분위기를 느낄 수 있었습니다. 친구는 제게 뮤지컬을 감상하는 법을 가르쳐 주었습니다. 그 뮤지컬을 보면서 저는 스트레스가 풀리는 것을 느꼈습니다. 뮤지컬의 음악과 이야기 또한 좋았습니다. 지금은 적어도 1년에 한 번 정도 공연을 보러 갑니다.

어휘

thought (think의 과거형) 생각했다   **expensive** 비싼   **lively** 생생한. 활기찬
an atmosphere 분위기

→ **STEP 3** 문법 실력 늘리기: 4형식 문장 [주어+동사+간접목적어(사람)+직접목적어] ~에게 ~을 ~하다

4형식 문장은 보통 '~을 주다'라는 의미가 있는 수여동사를 사용할 때 그 동작을 받는 사람(간접목적어)과 수여 대상(직접목적어)의 순으로 문장을 구성할 수 있습니다.

ex **I gave her flowers.** 저는 그녀에게 꽃을 주었습니다.

I bought him a t-shirt. 저는 그에게 티셔츠를 사주었습니다.

He paid me the money. 그는 제게 그 돈을 지불했습니다.

She passed me the salt. 그녀는 제게 소금을 전달해주었습니다.

He taught me English. 그는 제게 영어를 가르쳐 주었습니다.

Chapter 05

음악에 빠져봐!

OPIc Background Survey 설문지 선택

4. 여가 시간에는 어떤 활동을 하십니까? (두 개 이상 선택)

○ 영화보기	○ 클럽/나이트클럽 가기	○ 공연보기
● 콘서트보기	○ 박물관가기	○ 공원가기
○ 캠핑가기	○ 해변가기	○ 스포츠 관람
○ 집안일 거들기	○ 술집/바에 가기	○ 카페/커피전문점에 가기
○ 게임하기 (비디오, 카드, 보드, 휴대폰 등)		○ 당구치기
○ 체스하기	○ SNS(페이스북,트위터,싸이월드 등)에 글 올리기	○ 친구들에게 문자보내기
○ 시험대비 과정 수강하기		○ 뉴스를 보거나 듣기
○ 요리 관련 프로그램 시청하기		○ 차로 드라이브하기
○ 스파가기	○ 구직활동하기	○ 자원봉사하기

5. 다음 중 어떤 관심사나 취미를 갖고 계십니까? (한 개 이상 선택)

○ 아이에게 책 읽어주기	● 음악 감상하기	○ 악기 연주하기
● 혼자 노래부르거나 합창하기	○ 춤추기	○ 글쓰기(편지, 단문, 시 등)

OPIc Background Survey의 여가 활동 항목인
'콘서트 가기'와 취미 항목인 '음악 감상', '혼자 노래하기', '그룹으로 노래하기'는
음악이란 공통 주제를 가지고 있다는 점에서 문제 내용이나 문제 유형이 거의 비슷합니다.
또한 위의 세 취미 항목들은 같은 시험 안에서 같이 출제될 확률이 적습니다.
따라서 이들 주제에 대한 문제를 효율적으로 대비할 수 있도록
이야깃거리를 함께 엮어 준비할 수 있도록 합니다.
아래 설정을 함께 해보고, 각 주제에 대해 차근차근 연습해보세요.

○ 그림 그리기	○ 요리하기	○ 애완동물 기르기
○ 주식투자하기	○ 신문읽기	○ 여행 관련 잡지나 블로그 읽기
○ 사진촬영하기		

Chapter 5 공통 주제 이야깃거리 준비하기

설정 1 [좋아하는 음악/노래] 내가 제일 부르고 듣기 좋아하는 음악은 록(rock)!
록음악을 듣고 부를 때마다 스트레스가 풀리지.

설정 2 [좋아하는 가수] 가장 좋아하는 가수는 록음악을 하는 윤도현!
가끔 록콘서트나 윤도현의 콘서트에 가는 것을 좋아하기!

설정 3 [음악 듣는/노래를 부르는 장소] 보통은 지하철에서 음악을 듣고,
노래방에 가서 노래하기. 가끔은 내방 안에서 음악 듣고 노래 부르기.

Unit 01 / 취미 및 관심사: 음악 감상

> **Q1** [좋아하는 음악 장르와 가수] **You indicated in the survey that you like listening to music. What kind of music do you like to listen to? I'd also like to know about your favorite singer or composer.**
>
> 당신은 설문에서 음악 감상하는 것을 좋아한다고 답했습니다. 어떤 장르의 음악을 듣기 좋아하나요? 그리고, 가장 좋아하는 가수나 작곡가에 대해서도 알고 싶습니다.

문제 듣기 Key words: what kind, music, listen, favorite singer, composer

➔ STEP 1 기본 답변   유형 패턴 5 적용 (p.40)

MP3 05-01

❶ 좋아하는 장르
저는   록음악   을 가장 좋아합니다.
I like rock music **the most.**

❷ 좋아하는 이유
저는   록음악   을 들을 때마다 스트레스가 풀립니다.
Whenever I listen to rock music, **I relieve stress.**

❸ 좋아하는 가수
제가 제일 좋아하는 가수는   윤도현   입니다.
My favorite singer is Dohyun Yoon.

❹ 이유 1
저는 그의 매력적인 목소리와 외모를 좋아합니다.
I like his attractive voice and appearance.

❺ 이유 2
또한, 그의   노래들   은 언제나 훌륭합니다.
Also, his songs **are always excellent.**

❻ 마무리
전반적으로 그는 정말 좋은 배우입니다.
Overall, he is such a great singer.

어휘   listen to music 음악을 듣다   a singer 가수   a composer 작곡가
attractive 매력적인   appearance 외모   a song 노래

MP3 05-02

❶ 좋아하는 장르 I love most kinds of music, but **I like** rock music **the most.** ❷ 좋아하는 이유 **Whenever I listen to rock music, I relieve stress** because the rhythm is very exciting. ❸ 좋아하는 가수 **My favorite singer is Dohyun Yoon.** He is a famous rock singer in Korea, and he is in a band called YB. ❹ 이유 1 **I like his attractive voice and appearance.** His voice is powerful, but soft at the same time. ❺ 이유 2 **Also, his songs are always excellent.** He shows great singing skills all the time. ❻ 마무리 **Overall, he is such a great singer.**

저는 대부분의 음악을 좋아하지만, 록음악을 가장 좋아합니다. 저는 록음악을 들을 때마다 스트레스가 풀리는데 리듬이 굉장히 경쾌하기 때문입니다. 제가 가장 좋아하는 가수는 윤도현입니다. 그는 한국에서 유명한 록 가수이고, YB라는 그룹에 속해 있습니다. 저는 그의 매력적인 목소리와 외모가 좋습니다. 그의 목소리는 강렬하면서도 동시에 부드럽습니다. 또한 그의 노래들은 항상 훌륭합니다. 항상 좋은 노래 실력을 보여줍니다. 전반적으로, 그는 정말 좋은 가수입니다.

어휘 | **rhythm** 리듬　**called** ~라는 이름의　**powerful** 강렬한　**soft** 부드러운
at the same time 동시에　**singing skills** 노래 실력

→ STEP 3 표현 늘리기: 음악 장르

TIP 장르 명 뒤에 music을 붙여 표현하세요.

Korean pop 한국 가요	**Western pop** 서양 가요
dance 댄스	**ballad** 발라드
hip-hop 힙합	**house** 하우스
jazz 재즈	**R&B** 알앤비
rock 록	**classical** 클래식
electronic 일렉트로닉	**heavy metal** 헤비메탈
country 컨트리	**blues** 블루스
indie 인디	**soundtrack** 영화음악

Q₂ [음악 감상 패턴] **How often and when do you listen to music?**
Where do you usually listen to music?

얼마나 자주, 언제 음악을 듣나요? 어디에서 주로 음악을 듣나요?

문제 듣기 **Key words:** how often, when, where, usually, listen, music

---

● STEP 1 기본 답변

(MP3 05-03)

❶ 빈도수	저는 <u>거의 매일</u> 음악을 듣습니다.
	I listen to music almost every day.
❷ 장소, 시기 1	저는 보통 <u>지하철</u> 에서 음악을 듣습니다.
	I usually listen to music on the subway.
❸ 주로 듣는 음악	<u>지하철</u> 에서는 <u>록음악</u> 듣는 것을 좋아합니다.
	On the subway, **I like to listen to** rock music.
❹ 장소 2	가끔 <u>집</u> 에서 음악 듣기를 좋아합니다.
	Sometimes, I listen to music at home.
❺ 시기 2	주로 <u>방을 청소하거나 인터넷을</u> 할 때입니다.
	It is usually when I clean my room or surf the Internet.
❻ 마무리	저는 항상 음악 듣는 시간을 즐깁니다.
	I always enjoy listening to music.

어휘 **on the subway** 지하철에서   **clean** 청소하다   **surf the Internet** 인터넷을 하다

Chapter 05 / 음악에 빠져봐!

MP3 05-04

① 빈도수 **I listen to music almost every day. ②** 장소, 시기 1 **I usually listen to music on the subway** when I go to school. My school is located far from my house, so sometimes the trip is boring. Listening to music relives my boredom. **③** 주로 듣는 음악 **On the subway, I like to listen to rock music. Whenever I listen to rock music, I relieve stress. ④** 장소 2 **Sometimes, I listen to music at home. ⑤** 시기 2 **It is usually when I clean my room or surf the Internet.** I love to play music on my cell phone and do something in my room. **⑥** 마무리 **I always enjoy listening to music.**

저는 거의 매일 음악을 듣습니다. 보통 학교 갈 때 지하철에서 음악을 듣습니다. 우리 학교는 집에서 멀리 떨어져 있기 때문에 통학이 가끔 지루하기도 합니다. 음악을 듣는 것은 지루함을 없애줍니다. 지하철에서는 록음악 듣는 것을 좋아합니다. 가끔은 집에서 음악 듣기를 좋아합니다. 주로 방을 청소하거나 인터넷을 할 때입니다. 저는 휴대폰으로 음악을 틀어놓고, 방 안에서 무언가 하는 것을 좋아합니다. 저는 항상 음악 듣는 시간을 즐깁니다.

어휘 | **far from** ~에서 멀리 떨어진   **boring** 지루한   **boredom** 지루함
play (음악 등을) 틀다   **a cell phone** 휴대폰

→ STEP 3 표현 늘리기: 음악을 듣는 장소, 시기

at home 집에서   **at school** 학교에서
at a concert 콘서트에서   **at a cafe** 카페에서
on my way somewhere 이동 중에   **on the bus/subway/train** 버스/지하철/기차에서
when I commute to school 학교에 갈 때   **when I study** 공부할 때
when I surf the net 인터넷을 할 때   **when I jog/take a walk** 조깅/산책하며
when I get exercise 운동할 때   **before I go to bed** 잠자기 전에

Q3 [음악 취향의 변화] **What music did you like to listen to when you were a child? How has your taste in music changed since then?**

어릴 때에는 어떤 음악 듣기를 좋아했나요? 그때부터 음악 취향이 어떻게 변화해왔나요?

문제 듣기 **Key words:** what music, listen, child, taste, changed

---

→ STEP 1 기본 답변 유형 패턴 12 적용 (p.54)

(MP3 05-05)

❶ **도입**　　제 ▢음악 취향▢ 에는 몇 가지 변화가 있어왔습니다.
There have been a few changes to my taste in music.

❷ **어릴 때의 상황**　　어렸을 때는 ▢동요 듣는 것을 좋아했습니다▢ .
When I was a child, I liked to listen to children's songs.

❸ **어릴 때 상황 묘사**　　그때 당시에는 ▢매일 동요를 불렀습니다▢ .
I sang children's songs everyday **at that time.**

❹ **변화**　　그러나 몇 년 후에 ▢저는 한국 가요에 빠지게 되었습니다▢ .
A few years later, I was into Korean pop music.

❺ **현재의 상황**　　지금은 ▢록음악 듣는 것을▢ 좋아합니다.
Now, I like to listen to rock music.

---

taste 취향　　when I was a child 어릴 때는　　children's songs 동요
be into ~에 빠지다, 좋아하게 되다

`MP3 05-06`

❶ 도입 There have been a few changes to my taste in music. ❷ 어릴 때의 상황 When I was a child, I liked to listen to children's songs. ❸ 어릴 때 상황 묘사 I sang children's songs in my music class **everyday at that time,** so I naturally liked those songs. **❹ 변화 A few years later, I was into Korean pop music.** My friends and I used to share Korean pop CDs and liked to talk about it. **❺ 현재의 상황 Now, I like to listen to rock music.** I always listen to rock music everywhere, especially when I commute to school. Sometimes, I go to a rock concert to listen to rock.

제 음악 취향에는 몇 가지 변화가 있어왔습니다. 어렸을 때는 동요 듣는 것을 좋아했습니다. 그때 당시에는 음악 시간에 매일 동요를 불렀기 때문에, 자연스럽게 그런 노래들이 좋았습니다. 그러나 몇 년 후에는 한국 가요에 빠지게 되었습니다. 친구들과 가요 CD들을 공유하며, 가요에 대해 이야기하는 것을 좋아하곤 했습니다. 지금은 록음악 듣는 것을 좋아합니다. 저는 어디에서나 항상 록음악 듣는 것을 좋아하고, 특히 학교 갈 때 듣습니다. 가끔은 록음악을 들으러 록 콘서트에 가기도 합니다.

어휘

naturally 자연스럽게   **those** 그것들의, 저것들의   **used to 동사원형** ~하곤 했다
share 공유하다   **everywhere** 어디에서나

→ STEP 3 답변 늘리기: 영화 취향의 변화

다음 단어들과 표현들을 활용하여 여가 활동 항목인 '영화보기'의 영화 취향(taste in movies) 변화에 대해서도 이야기해보세요.

[영화 취향의 변화]   **a few changes to my taste in movies**
→ [어릴 때의 상황] 만화영화를 좋아함   **I liked to watch cartoon movies.**
→ [어릴 때 상황 묘사] 방과 후에 매일 만화를 봄   **I watched cartoons everyday after school.**
→ [변화] 판타지 영화에 빠짐   **I was into fantasy movies.**
→ [현재의 상황] 액션 영화 보는 것을 좋아함   **I like to watch action movies.**

Unit 02 / 취미 및 관심사: 혼자 노래 부르거나 합창하기

[부르기 좋아하는 노래] **You indicated in the survey that you enjoy singing. What kind of music or songs do you like to sing? Can you also tell me about your favorite song?**

Q1 당신은 설문에서 노래 부르는 것을 좋아한다고 답했습니다. 어떤 종류의 음악이나 노래들을 부르기 좋아하나요? 가장 좋아하는 노래에 대해서도 이야기해줄 수 있나요?

문제 듣기 **Key words:** what music, songs, sing, favorite song

STEP 1 기본 답변 유형 패턴 5 적용 (p.40)

MP3 05-07

① 좋아하는 장르   저는, [록 노래들] 을 부르는 것을 가장 좋아합니다.
I like to sing rock songs **the most.**

② 좋아하는 이유   저는 [록 노래들] 을 부를 때마다 스트레스가 풀립니다.
Whenever I sing rock songs, **I relieve stress.**

③ 가장 좋아하는 노래   제가 제일 좋아하는 록 노래는 [나는 나비] 입니다.
My favorite rock **song is** *I'm a Butterfly*.

④ 좋아하는 이유   저는 그 노래의 매력적인 가사를 좋아합니다.
I like its attractive lyrics.

⑤ 노래 가사   그 노래는 [꿈과 희망] 에 대한 이야기입니다.
The song is about hopes and dreams.

⑥ 마무리   에바 씨도 [록음악] 을 좋아한다면 이 노래를 추천하고 싶습니다.
Eva, if you like rock music, **I recommend this song for you.**

어휘   **sing a song** 노래를 부르다   **a butterfly** 나비   **lyrics** 가사
     hopes 희망   **dreams** 꿈

MP3 05-08

❶ **좋아하는 장르** I love to sing most kinds of songs, but **I like to sing rock songs the most.** ❷ **좋아하는 이유** **Whenever I sing rock songs, I relieve stress.** They also make me feel excited. ❸ **가장 좋아하는 노래** **My favorite rock song is *I'm a Butterfly*.** It is a song by YB, which is a famous rock band in Korea. ❹ **좋아하는 이유** **I like its attractive lyrics.** ❺ **노래 가사** **The song is about hopes and dreams.** When I feel depressed, I sing this song and it cheers me up. ❻ **마무리** **Eva, if you like rock music, I recommend this song for you.**

저는 거의 모든 노래를 부르는 것을 좋아하지만, 록 노래를 부르는 것을 가장 좋아합니다. 저는 록 노래들을 부를 때마다 스트레스가 풀립니다. 록 노래는 또한 제 기분을 신나게 만듭니다. 제가 제일 좋아하는 록 노래는 '*나는 나비*'입니다. 이 노래는 한국에서 유명한 록 밴드인 YB가 부른 노래입니다. 저는 그 노래의 매력적인 가사를 좋아합니다. 그 노래는 꿈과 희망에 대한 이야기입니다. 기분이 우울할 때 이 노래를 부르며 기운을 내기도 합니다. 에바 씨도 록음악을 좋아한다면 이 노래를 추천하고 싶습니다.

excited 기분이 신나는   **depressed** 우울한   **cheer up** 기운을 북돋다

⊙ STEP 3 표현 늘리기: 특정 노래를 부르기 좋아하는 이유

I can refresh myself with this song. 이 노래를 부르면 기분이 전환됩니다.
I like to dance while singing this song. 이 노래를 부르면서 춤추는 것을 좋아합니다.
The lyrics are very touching. 가사가 매우 감동적입니다.
It is easy to sing this song. 이 노래를 부르는 것은 쉽습니다.
It is the only song I can sing well. 제가 잘 부를 수 있는 유일한 노래입니다.

Q₂ [노래하기 패턴] **How often and where do you sing a song? Who do you usually sing with?**

얼마나 자주, 어디에서 노래를 부르나요? 보통 누구와 함께 노래를 부르나요?

문제 듣기 **Key words:** how often, where, who, usually, sing a song

⊙ STEP 1 기본 답변

MP3 05-09

① 빈도수	저는 [시간이 날 때마다] 노래 부르는 것을 좋아합니다.	
	I like to sing whenever I have time.	
② 장소 1, 같이 부르는 사람	저는 보통 [노래방에서 친구들과] 노래를 부릅니다.	
	I usually sing a song at a karaoke room **with** my friends.	
③ 주로 부르는 노래	[노래방] 에서는 특히 [록 노래] 부르는 것을 좋아합니다.	
	At a karaoke room, **I especially like to sing** rock songs.	
④ 장소 2	가끔은 [집] 에서 노래 부르는 것을 좋아하기도 합니다.	
	Sometimes, I like to sing at home.	
⑤ 시기	주로 [방을 청소하거나 샤워를] 할 때입니다.	
	It is usually when I clean my room or take a shower.	
⑥ 마무리	저는 항상 노래 부르는 시간을 즐깁니다.	
	I always enjoy singing a song.	

 a karaoke room 노래방   take a shower 샤워를 하다

MP3 05-10

❶ 빈도수 **I like to sing whenever I have time.** ❷ 장소 1, 같이 부르는 사람 **I usually sing a song at a karaoke room with my friends** after school. We are in a rock band at school, so we practice singing together. ❸ 주로 부르는 노래 **At a karaoke room, I especially like to sing rock songs.** Whenever I sing rock songs, I relieve stress. ❹ 장소 2 **Sometimes, I like to sing at home.** ❺ 시기 **It is usually when I clean my room or take a shower.** Singing relieves boredom in this kind of situation. ❻ 마무리 **I always enjoy singing a song.**

저는 시간이 날 때마다 노래 부르는 것을 좋아합니다. 저는 보통 방과 후에 노래방에서 친구들과 노래를 부릅니다. 우리는 학교의 록 밴드에 가입했기 때문에, 함께 노래 연습을 합니다. 노래방에서는 특히 록 노래를 부르는 것을 좋아합니다. 록 노래들을 부를 때마다 스트레스가 풀립니다. 가끔은 집에서 노래 부르는 것을 좋아하기도 합니다. 주로 방을 청소하거나 샤워를 할 때입니다. 이러한 상황에서 노래하는 것은 지루함을 덜 수 있습니다. 저는 항상 노래 부르는 시간을 즐깁니다.

어휘 | **a rock band** 록 밴드 **practice** 연습하다 **together** 같이, 함께
boredom 지루함 **a situation** 상황

→ **STEP 3** 표현 늘리기: 노래를 부르는 장소, 시기

at home 집에서 | **at school** 학교에서
in my room 내 방에서 | **in my practice room** 연습실에서
in my car 차 안에서 | **at a karaoke room** 노래방에서
when I take a shower 샤워할 때 | **when I clean my room** 방 청소를 할 때
when I feel tipsy 술이 약간 취했을 때 | **when I feel good** 기분이 좋을 때
when I feel stressed 스트레스를 느낄 때 | **when I feel depressed** 우울할 때

 **Q3** [노래에 처음 관심을 갖게 된 계기] **How did you first become interested in singing? Who taught you how to sing?**

처음에 어떻게 노래 부르는 것에 관심을 가지게 되었나요? 누가 노래하는 것을 가르쳐 주었나요?

문제 듣기 **Key words:** how, first, interested, singing, who, taught

⊙ STEP 1 기본 답변 유형 패턴 9 적용 (p.48)

MP3 05-11

❶ 처음 경험 시기 저는 3년 전에 처음으로 노래하는 것에 관심이 있었습니다.
I first had interest in singing three **years ago.**

❷ 그 전의 상황 그때까지만 해도, 저는 노래 에 대해 잘 몰랐습니다.
Until that time, I didn't know much about singing.

❸ 관심을 갖게 된 사건 어느 날, 제 친구가 재미로 록 밴드에 가입하자고 했습니다.
One day, my friend suggested joining a rock band **for fun.**

❹ 영향을 준 사람 동아리 회원들 은 제게 록 노래를 부르는 법을 가르쳐 주었습니다.
My club members **taught me how to** sing rock songs.

❺ 활동 후의 변화 록을 부르면서 저는 스트레스가 풀리는 것을 느꼈습니다.
While I was singing rock songs, **I felt that I relieved stress.**

❻ 마무리 지금은 적어도 일주일 에 한 번 정도 록 부르는 것을 연습합니다.
Now, I practice singing rock songs **at least once a** week.

 interest 관심 join 가입하다 a club 동아리 a club member 동아리 회원
practice+명사형 ~를 연습하다

`MP3 05-12`

❶ **처음 경험 시기** **I first had interest in singing three years ago.** ❷ **그 전의 상황** **Until that time, I didn't know much about singing.** Also, I wasn't good at singing. ❸ **관심을 갖게 된 사건** **One day, my friend suggested joining a rock band** at school for fun. The rock band had regular performances at school. ❹ **영향을 준 사람** **My club members taught me how to sing rock songs.** As I practiced, I became better at singing. ❺ **활동 후의 변화** **While I was singing rock songs, I felt that I relieved stress.** ❻ **마무리** **Now, I practice singing rock songs at least once a week.**

저는 3년 전에 처음으로 노래하는 것에 관심이 있었습니다. 그때까지만 해도, 저는 노래에 대해 잘 몰랐습니다. 또한 노래를 잘하지도 못했습니다. 어느 날, 제 친구가 재미로 학교의 록 밴드에 가입하자고 했습니다. 그 록밴드는 학교에서 정기적인 공연을 했습니다. 동아리 회원들은 제게 록 노래 부르는 법을 가르쳐 주었습니다. 연습을 하면서 저는 노래 부르는 것을 잘하게 되었습니다. 록을 부르면서 저는 스트레스가 풀리는 것을 느꼈습니다. 지금은 적어도 일주일에 한 번 정도 록 부르는 것을 연습합니다.

---

regular 정기적인, 규칙적인   **a performance** 공연

→ **STEP 3** 표현 늘리기: 노래 실력에 대해 표현하기

I'm good/great at singing, sing well 노래를 잘하다
I'm poor/terrible at singing 노래를 못하다
I have a fantastic voice 멋진 목소리를 가지다
I am a tone-deaf 음치이다
I can sing high-pitched tones well 고음을 잘 부르다
I don't care about singing skills 노래 실력을 신경 쓰지 않다

 **Q4** [기억에 남는 노래 경험] **Please tell me about your most memorable singing experience. When was it? Why was it memorable?**

가장 기억에 남는 노래 경험에 대해 이야기해주세요. 언제였나요? 왜 그 경험이 기억에 남나요?

문제 듣기 **Key words:** most memorable, singing experience

➔ **STEP 1 기본 답변** 유형 패턴 10 적용 (p.50)

(MP3 05-13)

❶ 경험 시기   저는 　작년　 에 노래했던 경험을 기억합니다.

I remember my singing experience last year.

❷ 배경 설명   그때 당시 　저는 학교에서 노래 공연을　 했습니다.

At that time, I had a singing performance at school.

❸ 준비과정   저는 　매일 동아리 회원들과　 노래 연습을 했습니다.

I practiced singing with my club members everyday.

❹ 당시의 상황 느낌   공연 중에 저는 　긴장을 많이 했습니다　 .

During the performance, I was very nervous.

❺ 결말   다행히 우리는 그 공연을 멋지게 끝냈습니다.

Luckily, we finished our performance wonderfully.

❻ 마무리   저는 그 날을 잊을 수 없을 것입니다.

I'll never forget that day.

---

 experience 경험   a singing performance 노래 공연   nervous 긴장을 하는, 초조한
finish 끝내다   luckily 다행히   wonderfully 멋지게

`MP3 05-14`

❶ **경험 시기** **I remember my singing experience last year.** ❷ **배경 설명** **At that time, I had a singing performance at** a **school** festival. I was in a rock band, and we were singing three songs. ❸ **준비과정** **I practiced singing with my club members every day** in our club room. Sometimes, we even stayed over night. ❹ **당시의 상황 느낌** **During the performance, I was very nervous** because many people were watching us. ❺ **결말** **Luckily, we finished our performance wonderfully,** and I was very proud of myself. ❻ **마무리** **I'll never forget that day.**

> 저는 작년에 노래했던 경험을 기억합니다. 그때 당시 저는 학교 축제에서 노래 공연을 했습니다. 저는 록 밴드에 있었는데 우리는 3곡의 노래를 하기로 했습니다. 저는 매일 동아리 방에서 회원들과 노래 연습을 했습니다. 가끔은 밤을 새기도 했습니다. 공연 중에 저는 긴장을 많이 했는데, 우리의 공연을 보는 사람들이 많았기 때문입니다. 다행히 우리는 그 공연을 멋지게 끝냈고, 저는 제 자신이 자랑스러웠습니다. 저는 그 날을 잊을 수 없을 것입니다.

어휘 a festival 축제   over night 밤새   be proud of ~가 자랑스러운

STEP 3 표현 늘리기: 노래 부를 당시의 느낌 표현하기

I was very nervous. 많이 긴장됐습니다.
I was very anxious. 많이 불안했습니다.
I was embarrassed. 당황했습니다.
I was surprised. 놀랐습니다.
I was very excited. 매우 신이 났습니다.

Unit 03 / 여가 활동: 콘서트 가기

Q₁ **[자주 가는 콘서트 홀] You indicated in the survey that you like to go to a concert. Can you tell me about the concert hall you often go to? Where is it? Why do you like to go there?**

당신은 설문에서 콘서트에 가는 것을 좋아한다고 답했습니다. 자주 가는 콘서트 홀에 대해 이야기해 줄 수 있나요? 그 콘서트 홀은 어디에 있나요? 왜 그곳에 가는 것을 좋아하나요?

문제 듣기 **Key words:** concert hall, often, go, where, why

STEP 1 기본 답변 유형 패턴 3 적용 (p.36)

MP3 05-15

❶ 장소 소개	저는 올림픽 경기장 에 자주 갑니다. **I often go to** the Olympic Gymnastics Hall.	
❷ 위치	그 콘서트 홀은 서울 에 있습니다. **It is located in** Seoul.	
❸ 특징	그곳은 젊은 사람들 에게 인기가 있습니다. **This place is very popular with** young people.	
❹ 가게 된 이유	제가 그곳에 자주 가는 이유는 몇 가지가 있습니다. **There are a few reasons I often go there.**	
❺ 이유 1	먼저, 그곳은 우리 집에서 아주 가깝습니다. **First, it is very close to my house.**	
❻ 이유 2	또한, 그곳은 다른 콘서트 홀보다 더 좋은 시설들을 갖추고 있습니다. **Also, it has better facilities than other** concert halls.	
❼ 마무리	전반적으로 올림픽 경기장은 콘서트를 보기 에 좋은 곳입니다. **Overall, it is a good place to** watch concerts.	

어휘
a concert hall 콘서트 홀　**be popular with** ~에게 인기 있는　**close** 가까운
facilities 시설들　**watch/see a concert** 콘서트를 보다

MP3 05-16

① 장소 소개 I often go to the Olympic Gymnastics Hall. ② 위치 It is located in the western part of **Seoul. ③ 특징 This place is very popular with young people,** and many world-famous singers have concerts there. **④ 가게 된 이유 There are a few reasons I often go there. ⑤ 이유 1 First, it is very close to my house.** It only takes 10 minutes by bus to get there. **⑥ 이유 2 Also, it has better facilities than other concert halls.** For example, it has wide seats, a big stage and screens and a good sound system. **⑦ 마무리 Overall, it is a good place to** watch concerts.

> 저는 올림픽 경기장에 자주 갑니다. 그 콘서트 홀은 서울의 서부에 위치해 있습니다. 그곳은 특히 젊은 사람들에게 인기가 있고, 세계적으로 유명한 많은 가수들이 그곳에서 콘서트를 합니다. 제가 그곳에 가는 이유는 몇 가지가 있습니다. 먼저, 그곳은 우리 집에서 아주 가깝습니다. 그곳까지는 버스로 10분 밖에 걸리지 않습니다. 또한 다른 콘서트 홀보다 더 좋은 시설들을 갖추고 있습니다. 예를 들면, 넓은 좌석, 큰 무대와 스크린, 그리고 좋은 음향 시설을 가지고 있습니다. 전반적으로 올림픽 경기장은 콘서트를 보기에 좋은 곳입니다.

어휘 by bus 버스로　**wide** 넓은　**a stage** 무대　**a screen** 스크린　**sound system** 음향 시설

STEP 3 표현 늘리기: 콘서트 시설

excellent sound system 훌륭한 음향 시설
fabulous stage effects 멋진 무대 효과
friendly staff 친절한 직원
a nice cafe 좋은 카페
a big lounge 큰 라운지
many snack bars 많은 매점
a park around the concert hall 콘서트 홀 근처의 공원
a big parking lot 큰 주차장
a beautiful fountain 아름다운 분수

Q₂ [좋아하는 콘서트 종류] **What kinds of concerts do you like to go to? Whose concerts do you like to see?**

어떤 종류의 콘서트에 가는 것을 좋아하나요? 누구의 콘서트를 보는 것을 좋아하나요?

문제 듣기 **Key words:** what kinds, concerts, whose, see

➔ STEP 1 기본 답변   유형 패턴 5 적용 (p.40)

MP3 05-17

❶ 좋아하는 콘서트   저는 [록 콘서트] 에 가는 것을 가장 좋아합니다.
I like to go to a rock concert **the most.**

❷ 좋아하는 이유   저는 [록 콘서트] 에 갈 때마다 스트레스가 풀립니다.
Whenever I go to a rock concert, **I relieve stress.**

❸ 좋아하는 콘서트 가수   저는 특히 [YB의 콘서트] 를 보는 것을 좋아합니다.
I especially like to see YB's concerts.

❹ 이유 1   저는 [보컬] 의 매력적인 목소리와 외모를 좋아합니다.
I like the vocalist**'s attractive voice and appearance.**

❺ 이유 2   또한, [그들의 콘서트] 는 언제나 훌륭합니다.
Also, their concerts **are always excellent.**

❻ 마무리   저는 항상 [그들의 콘서트] 를 즐깁니다.
I always enjoy their concerts.

 go to a concert 콘서트에 가다   a vocalist 보컬

❶ 좋아하는 콘서트 I love most kinds of concerts, but **I like to go to a rock concert the most. ❷ 좋아하는 이유 Whenever I go to a rock concert, I relieve stress.** Also, I like to bounce or dance to the music while watching a concert. **❸ 좋아하는 콘서트 가수 I especially like to see YB's concerts.** YB is a well-known rock band in Korea, and their songs are very popular all the time. **❹ 이유 1 I like the vocalist's attractive voice and appearance. ❺ 이유 2 Also, their concerts are always excellent.** They like to show a variety of performances on the stage. **❻ 마무리 I always enjoy their concerts.**

> 저는 록 콘서트에 가는 것을 가장 좋아합니다. 저는 록 콘서트에 갈 때마다 스트레스가 풀립니다. 또한 콘서트를 보는 동안 음악에 맞추어 뛰거나 춤추는 것을 좋아합니다. 저는 특히 YB의 콘서트를 보는 것을 좋아합니다. YB는 한국에서 유명한 록 밴드이고, 그들의 노래는 항상 인기가 많습니다. 저는 보컬의 매력적인 목소리와 외모를 좋아합니다. 또한, 그들의 콘서트는 언제나 훌륭합니다. 그들은 무대에서 다양한 공연을 보여주는 것을 좋아합니다. 저는 항상 그들의 콘서트를 즐깁니다.

어휘
bounce (깡총깡총) 뛰다　　**dance** 춤추다　　**well-known** 잘 알려진
a variety of 다양한　　**on the stage** 무대에서

→ **STEP 3** 표현 늘리기: 콘서트 종류

a recital 독창회
an orchestra concert 오케스트라 콘서트
a choral music concert 합창단 콘서트
a pop concert 팝 콘서트
a rock concert 록 콘서트
a jazz concert 재즈 콘서트
a charity concert 자선 공연
a hip-hop concert 힙합 콘서트
a dance performance 춤 공연
a joint concert (가수들의) 합동 콘서트

Q3 [최근에 갔던 콘서트 경험] **Please tell me about the last time you went to a concert. Whose concert did you go to? Who did you go there with?**

가장 최근에 콘서트에 갔던 때에 대해 이야기해주세요. 누구의 콘서트에 갔나요? 누구와 같이 갔나요?

문제 듣기 **Key words:** last time, went, concert

→ STEP 1 기본 답변 유형 패턴 8 적용 (p.46)

MP3 05-19

❶ **기본 정보** (시기, 사람, 콘서트)	지난 여름 에 저는 친구 와 함께 이승철의 콘서트 에 갔습니다. **Last summer, I went to** Seungchul Lee's concert with my friend.
❷ **장소 묘사**	우리는 올림픽 체조경기장 에 갔는데, 많은 사람들로 붐볐습니다. **We went to** the Olympic Gymnastics Hall, **and it was very crowded.**
❸ **한 일 1**	도착하자마자 우리는 물을 사고 콘서트를 관람 했습니다. **As soon as we arrived, we** bought water and watched the concert.
❹ **한 일 1 묘사**	그 콘서트 는 정말 굉장했습니다! **The** concert **was awesome!**
❺ **한 일 2**	콘서트 후에, 우리는 커피를 마시러 가서 콘서트에 대해 이야기 했습니다. **After** the concert, **we** went for coffee and talked about the concert.
❻ **마무리**	정말 재미있는 하루였습니다. **It was such a** fun **day.**

어휘

crowded 복잡한, 붐비는   awesome 어마어마한, 굉장한

go for coffee 커피를 마시러 가다   fun 재미있는

142 **Chapter 05 /** 음악에 빠져봐!

① 기본 정보 **Last summer, I went to Seungchul Lee's concert with my** girl**friend.** Seungchul Lee is a very famous ballad singer in Korea. **②** 장소 묘사 **We went to the Olympic Gymnastics Hall, and it was very crowded.** The atmosphere of the concert hall was lively. **③** 한 일 1 **As soon as we arrived, we bought water and watched the concert** for about two hours. **④** 한 일 1 묘사 **The concert was awesome!** Some people were moved to tears. I was especially impressed by his singing skills. **⑤** 한 일 2 **After the concert, we went for coffee and talked about the concert. ⑥** 마무리 **It was such a fun day.**

> 지난 여름에 저는 여자 친구와 함께 이승철 콘서트에 갔습니다. 이승철은 한국에서 매우 유명한 발라드 가수입니다. 우리는 올림픽 체조경기장에 갔는데, 그곳은 많은 사람들로 붐볐습니다. 콘서트 홀의 분위기는 활기찼습니다. 도착하자마자 우리는 물을 사고 약 2시간 동안 콘서트를 관람했습니다. 그 콘서트는 정말 굉장했습니다. 어떤 사람들은 감동을 받아 눈물을 흘렸습니다. 저는 특히 이승철의 노래 실력에 감명 받았습니다. 콘서트 후에, 우리는 커피를 마시러 가서 콘서트에 대해 이야기했습니다. 정말 재미있는 하루였습니다.

어휘 **an atmosphere** 분위기   **lively** 활기찬   **be impressed by** ~에 감명받다

STEP 3 표현 늘리기: 콘서트 묘사

People were bouncing and dancing. 사람들이 뛰면서 춤을 추었습니다.
People were growing wild. 사람들은 광란적으로 되어가고 있습니다.
The climax of the concert was the ending song. 콘서트의 하이라이트는 마지막 곡이었습니다.
His voice was very powerful/melodious. 그의 목소리는 정말 강렬했습니다/감미로웠습니다.
Everyone was moved to tears. 모두가 감동을 받아 눈물을 흘렸습니다.

Chapter 06

공원에서 운동하기

OPIc Background Survey 설문지 선택

4. 여가 시간에는 어떤 활동을 하십니까? (두 개 이상 선택)

- ○ 영화보기
- ○ 클럽/나이트클럽 가기
- ○ 공연보기
- ○ 콘서트보기
- ○ 박물관가기
- ● 공원가기
- ○ 캠핑가기
- ○ 해변가기
- ○ 스포츠 관람
- ○ 집안일 거들기
- ○ 술집/바에 가기
- ○ 카페/커피전문점에 가기
- ○ 게임하기 (비디오, 카드, 보드, 휴대폰 등)
- ○ 당구치기
- ○ 체스하기
- ○ SNS(페이스북,트위터,싸이월드 등)에 글 올리기
- ○ 친구들에게 문자보내기
- ○ 시험대비 과정 수강하기
- ○ 뉴스를 보거나 듣기
- ○ 요리 관련 프로그램 시청하기
- ○ 차로 드라이브하기
- ○ 스파가기
- ○ 구직활동하기
- ○ 자원봉사하기

6. 귀하는 주로 어떤 운동을 즐기십니까? (한개 이상 선택)

- ○ 농구
- ○ 야구/소프트볼
- ○ 축구
- ○ 미식축구
- ○ 하키
- ○ 크리켓
- ○ 골프
- ○ 배구
- ○ 테니스
- ● 배드민턴
- ○ 탁구
- ○ 수영
- ● 자전거
- ○ 스키/스노우보드
- ○ 아이스 스케이트
- ● 조깅

OPIc Background Survey의 '운동' 분야에서 운동 항목을 여러 개 골라도
시험 한 세트에는 보통 한 운동 항목 주제에 대한 문제만 여러 개 출제되는 경향이 있습니다.
따라서 여가 활동 항목인 '공원가기'와 공원에서 할 수 있는 운동 항목을 여러 개 고르고,
유형별로 이야깃거리를 같이 준비한다면 효율적으로 시험 준비를 할 수 있습니다.
즉, '조깅', '걷기', '자전거', '배드민턴'은 공원에서
자유롭게 운동을 할 수 있다는 점에서 공통 주제를 가지고 있는 것입니다.
따라서 아래의 설정을 같이 해보고, 각 주제에 대해 차근차근 연습해보세요.

● 걷기	○ 요가	○ 하이킹/트레킹	○ 낚시
○ 헬스	○ 태권도	○ 운동 수업 수강하기	○ 운동을 전혀 하지 않음

Chapter 6 공통 주제 이야깃거리 준비하기

설정 1 [자주 가는 공원 = 운동 장소] 내가 제일 자주 가는 공원에서
조깅, 걷기, 자전거, 배드민턴을!

설정 2 [공원에 같이 가는 사람] 공원에 항상 같이 가는 사람은 나와 제일 친한 친구!
우리는 둘 다 운동을 좋아하기 때문에 항상 조깅, 걷기,
자전거, 배드민턴을 함께 하지.

설정 3 [공원에 가서 주로 하는 일] 공원에 가면 제일 먼저 준비운동을 하고,
본 운동 (조깅, 걷기, 자전거, 배드민턴)을 한 다음 벤치에 앉아 수다 떨기.

설정 4 [공원에서/운동을 하다가 겪은 특별한 일] 공원에서 운동을 하다가
가장 좋아하는 배우가 영화 촬영하는 모습을 보고 싸인 받기.

Unit 01 / 여가 활동: 공원 가기

[자주 가는 공원] **You indicated in the survey that you like to go to a park. Can you tell me about your favorite park you like to visit? Where is it? Why do you like to go there?**

당신은 설문에서 공원 가는 것을 좋아한다고 답했습니다. 방문하기 가장 좋아하는 공원에 대해 이야기해줄 수 있나요? 그 공원은 어디에 있나요? 왜 그곳에 가는 것을 좋아하나요?

문제 듣기 **Key words:** favorite park, visit, why, go, there

➔ STEP 1 기본 답변　유형 패턴 3 적용 (p.36)

MP3 06-01

❶ 장소 소개　　저는 　보라매 공원　 에 자주 갑니다.

I often go to Boramae **Park.**

❷ 위치　　보라매 공원은 　우리 동네　 에 있습니다.

It is located in my neighborhood.

❸ 특징　　그곳은 　가족들　 에게 인기가 있는 장소입니다.

This place is very popular with families.

❹ 가게 된 이유　　제가 그곳에 가는 이유는 몇 가지가 있습니다.

There are a few reasons I often go there.

❺ 이유 1　　먼저, 그곳은 우리 집에서 아주 가깝습니다.

First, it is very close to my house.

❻ 이유 2　　또한 그곳은 　다른 공원들　 보다 더 좋은 시설들을 갖추고 있습니다.

Also, it has better facilities than other parks.

❼ 마무리　　전반적으로 그 공원은 　쉬기　 에 좋은 장소입니다.

Overall, it is a good place to relax.

어휘 | **my neighborhood** 우리 동네　　**better** 더 나은　　**facilities** 시설들　　**relax** 쉬다

❶ **장소 소개 I often go to Boramae Park,** ❷ **위치** which **is located in my neighborhood.** ❸ **특징** It is a beautiful local park, and **this place is very popular with families.** ❹ **가게 된 이유 There are a few reasons I often go there.** ❺ **이유 1 First, it is very close to my house.** It only takes about five minutes on foot to get there. ❻ **이유 2 Also, it has better facilities than other parks.** For example, you will see a big sports field, a swimming pool, and well-maintained jogging tracks. ❼ **마무리 Overall, it is a good place to relax.**

저는 우리 동네에 위치한 보라매 공원에 자주 갑니다. 보라매 공원은 아름다운 지역 공원이고, 가족들에게 인기가 있는 장소입니다. 제가 그곳에 가는 이유는 몇 가지가 있습니다. 먼저, 그곳은 우리 집에서 아주 가깝습니다. 그곳까지는 걸어서 5분 정도 밖에 안 걸립니다. 또한 그곳은 다른 공원들보다 더 좋은 시설들을 갖추고 있습니다. 예를 들면, 큰 운동장, 도서관과 잘 관리된 조깅 트랙들이 있습니다. 전반적으로 그 공원은 쉬기에 좋은 장소입니다.

어휘
a local park 지역 공원　**about** 약　**on foot** 걸어서　**a sports field** 운동장
a swimming pool 수영장　**well-maintained** 잘 관리된　**a jogging track** 조깅 트랙

● **STEP 3** 표현 늘리기: 공원에서 볼 수 있는 시설들

a jogging track 조깅 트랙	**a walking trail** 산책로
a bicycle path 자전거 도로	**a children's playground** 어린이 놀이터
an outdoor concert hall 야외 공연장	**a zoo** 동물원
a botanical garden 식물원	**a bicycle rental shop** 자전거 대여점
a swimming pool 수영장	**a grassy area** 잔디
benches 벤치	**a fountain** 분수
a snack bar/food stand 매점/노점	**exercise equipment** 운동기구

 **Q2** [공원에서의 전형적인 하루] **Please tell me about your typical day at the park. What do you usually do when you go to the park?**

공원에서의 전형적인 하루에 대해 이야기해주세요. 공원에 가면 보통 무엇을 하나요?

문제 듣기 **Key words:** typical day, park, usually, do

◈ STEP 1 기본 답변 유형 패턴 7 적용 (p.44)

MP3 06-03

❶ **활동 빈도 및 시기**	저는 일주일에 한 번, 주로 주말에 ⬛공원에 갑니다⬛. I go to a park **once a week, usually on weekends.**	
❷ **같이 가는 사람**	저는 종종 ⬛가장 친한 친구⬛ 와 공원에 갑니다. **I often go with** my best friend.	
❸ **주로 가는 장소**	우리는 보통 ⬛보라매 공원⬛ 에 갑니다. **We normally go to** Boramae Park..	
❹ **도착하자마자 하는 일**	그곳에 도착하면, 우리는 먼저 ⬛준비운동을⬛ 합니다. **When we arrive, we first** do some warm-up exercises.	
❺ **그 다음 하는 일**	그리고 나서, ⬛한 시간 동안 조깅을⬛ 합니다. **Then,** we jog for about one hour.	
❻ **후에 하는 일**	그 후에 우리는 ⬛벤치에 앉아 이야기하는⬛ 것을 좋아합니다. **After that, we like to** chat on a bench.	

 do a warm-up exercise 준비운동을 하다　**jog** 조깅을 하다
chat 수다를 떨다　**on a bench** 벤치 위에서

MP3 06-04

① 활동 빈도 및 시기 **I go to a park once a week, usually on weekends.** **②** 같이 가는 사람 **I often go with my best friend** because we both like jogging there. **③** 주로 가는 장소 **We normally go to Boramae Park,** which is in my neighborhood. It is a beautiful local park. **④** 도착하자마자 하는 일 **When we arrive, we first do some warm-up exercise** for 10 minutes. **⑤** 그 다음 하는 일 **Then, we jog for about one hour.** While we jog, we like to listen to music or talk about our days. **⑥** 후에 하는 일 **After that, we like to chat** while sitting **on a bench.** Sometimes, when we feel tired, we go straight home.

저는 일주일에 한 번, 주로 주말에 공원을 갑니다. 저는 종종 가장 친한 친구와 공원에 가는데 우리 둘 다 그곳에서 조깅하는 것을 좋아하기 때문입니다. 우리는 보통 우리 동네에 있는 보라매 공원에 갑니다. 그곳은 아름다운 지역 공원입니다. 그곳에 도착하면, 우리는 먼저 10분 동안 준비운동을 합니다. 그리고 나서, 한 시간 동안 조깅을 합니다. 조깅을 하는 동안 우리는 음악을 듣거나 일상 생활에 대해 이야기하는 것을 좋아합니다. 그 후에 우리는 벤치에 앉아 이야기하는 것을 좋아합니다. 가끔 피곤함을 느끼면 곧장 집에 가기도 합니다.

 sit 앉다　**feel tired** 피곤함을 느끼다　**straight** 곧장

→ **STEP 3** 표현 늘리기: 공원에서 하는 일

take a walk 산책하다	**ride a bicycle** 자전거를 타다
play badminton 배드민턴을 치다	**have a picnic** 소풍을 하다
play basketball 농구를 하다	**enjoy rides** 놀이기구를 타다
take a nap 낮잠을 자다	**watch an open-air concert** 야외 음악회를 보다
relax on a bench 벤치에 앉아 쉬다	**walk my dog** 개를 산책시키다
have a boxed lunch 도시락을 먹다	**sunbathe** 일광욕을 하다

Q3 [최근에 공원에 갔던 경험] **When was the last time you visited a park? Who did you go there with, and what did you do at the park?**

마지막으로 공원에 갔던 것은 언제였나요? 누구와 갔고, 공원에서는 무엇을 했나요?

문제 듣기 **Key words:** the last time, visited, park, who, what

STEP 1 기본 답변 유형 패턴 8 적용 (p.46)

MP3 06-05

① 경험 시기/사람

지난 주 에 저는 친구 와 공원에 갔습니다.
Last week, **I went to a park with** my friend.

② 장소 묘사

우리는 보라매 공원 에 갔는데, 그 공원은 많은 사람들로 붐볐습니다.
We went to Boramae Park, **and it was very crowded.**

③ 한 일 1

우리는 도착하자마자 산책을 했습니다 .
As soon as we arrived, we took a walk.

④ 상황 묘사

날씨 가 기가 막히게 좋았습니다!
The weather **was awesome!**

⑤ 한 일 2

산책 후에, 우리는 벤치에 앉아서 수다를 떨었습니다 .
After taking a walk, **we** chatted on a bench.

⑥ 마무리

정말 여유로운 하루였습니다.
It was such a relaxing **day.**

어휘 | crowded 복잡한, 붐비는   take a walk 산책하다
awesome 기가 막히게 좋은   relaxing 여유로운

MP3 06-06

❶ 경험 시기/사람 **Last week, I went to a park with my** school **friend.** ❷ 장소 묘사 **We went to Boramae Park** in my neighborhood**, and it was very crowded.** Many people were having a picnic. ❸ 한 일 1 **As soon as we arrived, we took a walk** along the lake in the park for about one hour. ❹ 상황 묘사 **The weather was awesome!** ❺ 한 일 2 **After taking a walk, we chatted** about our school lives **on a bench.** We also had a boxed lunch that we brought from home. ❻ 마무리 **It was such a relaxing day.**

> 지난주에 저는 학교 친구와 공원에 갔습니다. 우리는 동네에 있는 보라매 공원에 갔는데, 그 공원은 매우 붐볐습니다. 많은 사람들이 소풍을 하고 있었습니다. 우리는 도착하자마자, 약 한 시간 동안 공원 안에 있는 호수를 따라 산책을 했습니다. 날씨가 기가 막히게 좋았습니다! 산책 후에, 우리는 벤치에 앉아서 학교 생활에 대해 수다를 떨었습니다. 우리는 또한 집에서 가져온 도시락을 먹었습니다. 정말 여유로운 하루였습니다.

어휘 along ~를 따라   a school life 학교 생활   a boxed lunch 도시락
brought (bring의 과거형) 가져 왔다

→ **STEP 3** 답변 늘리기: 최근에 조깅/걷기를 한 경험 이야기하기

최근에 공원에 갔던 경험을 이야기할 때 공원에서 한 활동에 '걷기 (take a walk)'나 '조깅하기 (jog)'를 포함해 이야기한다면, 위의 답변으로 '최근에 걷기를 했던 경험'이나 '최근에 조깅을 했던 경험'에 대해서도 답변할 수 있습니다. 다음 문제들을 참고로 답변을 연습해보세요.

[최근에 산책을 한 경험]

Can you tell me about the last time you went for a walk? When was it? Did you take a walk alone?

마지막으로 산책을 했던 때에 대해 이야기해줄 수 있나요? 언제였나요? 산책을 혼자 했나요?

[최근에 조깅을 한 경험]

When was the last time you went jogging? Where did you go? Did you do anything else besides jogging?

마지막으로 조깅을 한 것은 언제였나요? 어디로 갔나요? 조깅 이외에 다른 것도 했나요?

Unit 02 / 운동: 조깅/걷기

Q1 [조깅하기 좋아하는 장소] **You indicated in the survey that you like jogging. Where do you usually go jogging? Why do you like to jog there?**

당신은 설문에서 조깅하는 것을 좋아한다고 답했습니다. 조깅을 위해 주로 어디에 가나요? 왜 그곳에서 조깅하는 것을 좋아하나요?

문제 듣기 **Key words:** where, usually, go, jogging, why

➜ STEP 1 기본 답변   유형 패턴 3 적용 (p.36)

MP3 06-07

❶ 장소 소개
저는 ___조깅___ 을 하기 위해 ___보라매 공원___ 에 자주 갑니다.
I often go to Boramae **Park** to jog.

❷ 위치
보라매 공원은 ___우리 동네___ 에 있습니다.
It is located in my neighborhood.

❸ 특징
그곳은 ___젊은 사람들___ 에게 인기가 있는 장소입니다.
This place is very popular with young people.

❹ 가게 된 이유
제가 그곳에 가는 이유는 몇 가지가 있습니다.
There are a few reasons I often go there.

❺ 이유 1
먼저, 그곳은 우리 집에서 아주 가깝습니다.
First, it is very close to my house.

❻ 이유 2
또한 그곳은 ___다른 공원들___ 보다 더 좋은 시설들을 갖추고 있습니다.
Also, it has better facilities than other parks.

❼ 마무리
전반적으로 그 공원은 ___조깅을 하기___ 에 좋은 장소입니다.
Overall, it is a good place to jog.

---

 jog 조깅을 하다   **jogging** (jog의 동명사형) 조깅

`MP3 06-08`

❶ **장소 소개** I often go to Boramae Park to jog, ❷ **위치** which **is located in my neighborhood.** ❸ **특징** It is a beautiful local park, and **this place is very popular with young people.** ❹ **가게 된 이유** There are a few reasons I often go there. ❺ **이유 1** First, it is very close to my house. It only takes about five minutes on foot to get there. ❻ **이유 2** Also, it has better facilities than other parks. For example, jogging tracks there are well-maintained. ❼ **마무리** Overall, it is a good place to jog.

저는 조깅을 하기 위해 우리 동네에 위치한 보라매 공원에 자주 갑니다. 보라매 공원은 아름다운 지역 공원이고, 젊은 사람들에게 인기 있는 장소입니다. 제가 그곳에 가는 이유는 몇 가지가 있습니다. 먼저, 그곳은 우리 집에서 아주 가깝습니다. 그곳까지는 걸어서 5분 정도 밖에 안 걸립니다. 또한 그곳은 다른 공원들보다 더 좋은 시설들을 갖추고 있습니다. 예를 들면, 그곳에 있는 조깅 트랙들은 관리가 잘 되어 있습니다. 전반적으로 그 공원은 조깅을 하기에 좋은 장소입니다.

a jogging track 조깅 트랙   **well-maintained** 잘 관리된

⊙ **STEP 3 답변 늘리기: 걷기/자전거/배드민턴을 하는 장소에 대해 이야기하기**

자주 가는 공원에서 조깅/걷기/자전거/배드민턴을 한다고 설정하면, 각 운동을 하는 장소에 대해 묘사하라는 문제가 나왔을 때, 위에서 연습한 답변을 활용해 이야기할 수 있습니다. [기본 답변]의 패턴을 바탕으로 jog 대신 각 운동을 나타내는 아래 표현들로 운동을 하는 장소에 대해 이야기 연습을 해보세요.

[걷기]   산책을 하기 위해 **to take a walk**
[자전거]   자전거를 타기 위해 **to ride a bicycle**
[배드민턴] 배드민턴을 치기 위해 **to play badminton**

Q2 | [조깅에 처음 관심을 갖게 된 계기] **How did you first become interested in jogging? Who taught you how to jog?**

처음에 어떻게 조깅하는 것에 관심을 가지게 되었나요? 누가 조깅하는 법을 가르쳐 주었나요?

문제 듣기 **Key words:** how, first, interested, jogging, who, taught

➔ STEP 1 기본 답변   유형 패턴 9 적용 (p.48)

MP3 06-09

❶ 처음 경험 시기   저는 ___ 3년 ___ 전에 처음으로 ___ 조깅에 관심이 있었습니다 ___.
I first had interest in jogging three **years ago.**

❷ 그 전의 상황   그때까지만 해도, 저는 ___ 조깅 ___ 에 대해 잘 몰랐습니다.
Until that time, I didn't know much about jogging.

❸ 관심을 갖게 된 사건   어느 날, 제 친구가 재미로 ___ 조깅을 같이 하자고 ___ 했습니다.
One day, my friend suggested jogging together **for fun.**

❹ 영향력을 준 사람   ___ 그 ___ 는 제게 ___ 조깅 하는 ___ 법을 가르쳐 주었습니다.
He **taught me how to** jog.

❺ 활동 후의 변화   ___ 조깅을 하면서 ___ 저는 스트레스가 풀리는 것을 느꼈습니다.
While I was jogging, **I felt that I relieved stress.**

❻ 마무리   지금은 적어도 ___ 일주일 ___ 에 한 번 정도 ___ 조깅을 하러 갑니다 ___.
Now, I go jogging **at least once a** week.

어휘
interest 관심   **suggest** 제안하다   **relieve stress** 스트레스를 풀다
go jogging 조깅하러 가다

MP3 06-10

❶ 처음 경험 시기 **I first had interest in jogging three years ago.** ❷ 그 전의 상황 **Until that time, I didn't know much about jogging.** Also, I didn't like to exercise. ❸ 관심을 갖게 된 사건 **One day, my friend suggested jogging together for fun,** so we started jogging at a park in our neighborhood. ❹ 영향력을 준 사람 **He taught me how to jog,** such as how to breathe. ❺ 활동 후의 변화 **While I was jogging, I felt that I relieved stress.** My body also got much lighter. ❻ 마무리 **Now, I go jogging at least once a week.**

저는 3년 전에 처음으로 조깅에 관심이 있었습니다. 그때까지만 해도, 저는 조깅에 대해 잘 몰랐습니다. 또한 저는 운동을 좋아하지 않았습니다. 어느 날, 제 친구가 재미로 조깅을 같이 하자고 해서, 우리는 동네의 공원에서 조깅을 시작했습니다. 그는 제게 숨쉬는 방법과 같은 조깅하는 법을 가르쳐 주었습니다. 조깅을 하면서 저는 스트레스가 풀리는 것을 느꼈습니다. 또한 몸이 훨씬 가벼워졌습니다. 지금은 적어도 일주일에 한 번 정도 조깅을 하러 갑니다.

어휘 **exercise** 운동하다　**breathe** 숨을 쉬다　**lighter** (light의 비교급) 더 가벼워진

→ STEP 3 표현 늘리기: 조깅 후의 변화

I lost some weight. 몸무게가 좀 줄었습니다.
It improved my appetite. 조깅이 식욕을 증진시켰습니다.
I didn't catch a cold. 감기에 걸리지 않았습니다.
I became interested in exercising. 운동에 관심을 갖게 되었습니다.
My friend and I got much closer. 친구와 저는 더욱 가까워졌습니다.

**Q3** [산책을 하다가 겪은 특별한 일] **Can you tell me an interesting or unexpected event that happened while you were taking a walk? What happened?**

산책을 하던 중에 일어났던 재미있거나 예기치 못한 사건에 대해 이야기해줄 수 있나요? 무슨 일이 있었나요?

문제 듣기 **Key words:** interesting, unexpected, event, taking, walk, happened

---

STEP 1 기본 답변 유형 패턴 10 적용 (p.50)

MP3 06-11

① 경험 시기   지난주 에 저는 기억에 남을 만한 경험을 했습니다.
Last week, I had a very memorable experience.

② 배경 설명   그때 당시 저는   공원에서 산책   을 하고 있었습니다.
At that time, I was taking a walk at the park.

③ 발단   갑자기 사람들의 환호 소리를 들었습니다.
Suddenly, I heard some people cheering.

④ 전개   저는 궁금해서 그 소리를 따라갔습니다.
I was curious, so I followed the sound.

⑤ 절정   놀랍게도 제일 좋아하는 영화배우가 그곳에서 영화촬영을 하고 있었습니다.
Surprisingly, my favorite actor was shooting a movie there.

⑥ 결말   저는 매우 신이 나서 그의 사인을 받았습니다.
I was very excited, and I got his autograph.

⑦ 마무리   저는 그 날을 잊을 수 없을 것입니다.
I will never forget that day.

---

memorable 기억에 남을 만한   **heard** (hear의 과거형) 들었다   **cheer** 환호를 지르다
follow 따라가다   **shoot** 촬영을 하다   **excited** 신이 난   **an autograph** (유명 인사의) 사인

❶ 경험 시기 **Last week, I had a very memorable experience.** ❷ 배경 설명 **At that time, I was taking a walk** with my friend at the park. ❸ 발단 **Suddenly, I heard some people cheering.** ❹ 전개 **I was** very **curious, so I followed the sound.** There, many people were watching something. ❺ 절정 **Surprisingly, my favorite actor was shooting a movie there.** He was nicer than I thought. ❻ 결말 **I was very excited, and I got his autograph.** ❼ 마무리 **I will never forget that day.**

지난주에 저는 기억에 남을 만한 경험을 했습니다. 그때 당시 저는 친구와 공원에서 산책을 하고 있었습니다. 그런데 갑자기 사람들의 환호 소리를 들었습니다. 저는 몹시 궁금해서 그 소리를 따라갔습니다. 그곳에는 많은 사람들이 무언가를 구경하고 있었습니다. 놀랍게도 제가 제일 좋아하는 영화배우가 그곳에서 영화촬영을 하고 있었습니다. 그는 제가 생각했던 것보다 훨씬 더 괜찮았습니다. 저는 매우 신이 나서 그의 사인을 받았습니다. 그 날을 잊을 수 없을 것입니다.

어휘 **nicer** (nice의 비교급) 더 좋은, 훌륭한   **thought** (think의 과거형) 생각했다

⊙ STEP 3 **답변 늘리기:** 운동(조깅, 걷기, 자전거, 배드민턴)을 하다가 겪은 특별한 일 이야기하기

'걷기'뿐만 아니라 '조깅/자전거/배드민턴'에서도 운동 중 겪은 특별한 일이나 기억에 남는 일에 대한 문제가 나올 수 있습니다. 위에서 연습한 [기본 답변]의 이야기는 어디에서도 활용 가능하므로 각 운동에 적용해 다시 연습해보세요.

[조깅]   그때 당시 저는 공원에서 조깅을 하고 있었습니다.

At that time, I was jogging at the park.

[자전거]   그때 당시 저는 공원에서 자전거를 타고 있었습니다.

At that time, I was riding a bicycle at the park.

[배드민턴]   그때 당시 저는 공원에서 배드민턴을 치고 있었습니다.

At that time, I was playing badminton at the park.

Unit 03 / 운동: 자전거

> **Q1** [갖고 있는 자전거 묘사] **You indicated in the survey that you like to ride a bicycle. Please describe your bicycle in as much detail as possible.**
>
> 당신은 설문에서 자전거 타는 것을 좋아한다고 답했습니다. 당신이 갖고 있는 자전거를 가능한 자세하게 묘사해주세요.

문제 듣기 | **Key words:** describe, bicycle

❯ STEP 1 기본 답변 유형 패턴 4 적용 (p.38)

▶MP3 06-13

❶ 사물 소개   저는 제 [자전거] 에 대해 이야기하고 싶습니다.
I'd like to talk about my bicycle.

❷ 구입 시기   저는 그 자전거를 [약 2년 전] 에 구입했습니다.
I bought it about two years ago.

❸ 구입 이유   그 이전의 것이 너무 오래되어 구입하게 되었습니다.
I got it because my previous one was too old.

❹ 좋아하는 점   저는 저의 새로운 [자전거] , 특히 외관이 좋습니다.
I like my new bicycle, **especially the appearance.**

❺ 외관   제 자전거는 검정색이고, 현대적인 외관을 가지고 있습니다.
It is black and has a modern look.

❻ 용도   저는 자전거를 주로 공원에 갈 때 이용합니다.
I usually use it when I go to the park.

어휘   **ride a bicycle** 자전거를 타다   **bought** (buy의 과거형) 샀다   **previous** 이전의, 먼젓번에
   appearance 외관   **modern** 현대적인

① 사물 소개 **I'd like to talk about my bicycle,** which is a road bike. ② 구입 시기 **I bought it about two years ago** on the Internet. ③ 구입 이유 **I got it because my previous one was too old.** ④ 좋아하는 점 **I like my new bicycle, especially the appearance.** ⑤ 외관 **It is black and has a modern look.** It also has a basket and a cycling computer. ⑥ 용도 **I usually use it when I go to the park** near my house. I like to ride a bicycle there since the park has a well-maintained bicycle path.

> 저는 일반 도로용 자전거인 제 자전거에 대해 이야기하고 싶습니다. 저는 약 2년 전에 인터넷에서 그 자전거를 구입했습니다. 그 이전의 것이 너무 오래되어 구입하게 되었습니다. 저는 저의 새로운 자전거, 특히 외관이 좋습니다. 제 자전거는 검정색이고, 현대적인 외관을 가지고 있습니다. 또한 자전거에는 바구니와 자전거용 컴퓨터가 있습니다. 저는 자전거를 주로 집 근처 공원에 갈 때 이용합니다. 공원에는 잘 관리된 자전거 길이 있기 때문에 저는 그곳에서 자전거 타는 것을 좋아합니다.

어휘
a road bike 일반 도로용 자전거 　**on the Internet** 인터넷에서
near ~가까이에, 근처에 　**cycling** 자전거타기, 사이클링 　**a bicycle path** 자전거 도로길

→ **STEP 3** 표현 늘리기: 자전거 외관 묘사

부속품

a basket 바구니	**a bell** 벨
a comfortable seat 편안한 의자	**a child seat** 어린이용 의자
small cycle mirrors 작은 거울	**a water bottle cage** 물통
a GPS 지피에스 (네비게이션)	**a cycling computer** 자전거용 컴퓨터
a front light 전조등	**a rear light** 미등

 **Q₂** [자전거를 처음 탄 경험] **Can you tell me about the time you first rode a bicycle? Who taught you how to ride a bike?**

맨 처음에 자전거를 탔던 때에 대해 이야기해줄 수 있나요? 누가 자전거 타는 법을 가르쳐주었나요?

문제 듣기 **Key words:** first, rode, bicycle, who, taught

➲ STEP 1 기본 답변 유형 패턴 9 적용 (p.48)

(MP3 06-15)

❶ 처음 경험 시기   저는   10년   전에 처음으로   자전거를 탔습니다 .

I first rode a bicycle ten **years ago.**

❷ 그 전의 상황   그때까지만 해도, 저는   자전거 타는 것   에 대해 잘 몰랐습니다.

Until that time, I didn't know much about riding a bicycle.

❸ 관심을 갖게 된 사건   어느 날,   형   이 재미로   자전거를 같이 타자고   했습니다.

One day, my brother **suggested** riding a bicycle together **for fun.**

❹ 영향을 준 사람   그   는 제게   균형 잡는   법을 가르쳐 주었습니다.

He **taught me how to** balance.

❺ 활동 후의 변화   자전거를 타면서   저는 스트레스가 풀리는 것을 느꼈습니다.

While I was riding a bicycle, **I felt that I relieved stress.**

❻ 지금의 활동 패턴   지금은 적어도   일주일   에 한 번 정도   자전거를 탑니다 .

Now, I ride a bike **at least once a** week.

---

 rode (ride의 과거형) 탔다   **riding** (ride의 동명사형) 타는 것   **balance** 균형을 잡다

MP3 06-16

① 처음 경험 시기 **I first rode a bicycle ten years ago. ②** 그 전의 상황 **Until that time, I didn't know much about riding a bicycle.** Besides, I was afraid of bicycles. **③** 관심을 갖게 된 사건 **One day, my brother suggested riding a bicycle together for fun.** He also said it would be good for our health. **④** 영향을 준 사람 **He taught me how to balance** on a bicycle. **⑤** 활동 후의 변화 **While I was riding a bicycle, I felt that I relieved stress. ⑥** 지금의 활동 패턴 **Now, I ride a bike at least once a week,** and I'm very good at it.

> 저는 10년 전에 처음으로 자전거를 탔습니다. 그때까지만 해도, 저는 자전거 타는 것에 대해 잘 몰랐습니다. 또한, 자전거에 대한 두려움이 있었습니다. 어느 날, 형이 재미로 자전거를 같이 타자고 했습니다. 형은 자전거 타기는 건강에도 좋다고 말했습니다. 그은 제게 자전거에서 균형 잡는 법을 가르쳐 주었습니다. 자전거를 타면서 저는 스트레스가 풀리는 것을 느꼈습니다. 지금은 적어도 일주일에 한 번 정도 자전거를 타고, 자전거를 아주 잘 탑니다.

besides 게다가   be afraid of ~를 두려워하다   be good for ~에 좋다
health 건강   be good at ~를 잘하다

[기본 답변] 패턴을 이용하면, 운동 항목인 배드민턴에서도 '배드민턴을 처음 친 경험'에 대해 이야기할 수 있습니다. 아래 표현들을 활용하여, 배드민턴을 처음 친 경험에 대한 이야기 연습을 해보세요.

[처음 경험 시기]	배드민턴을 처음 쳤다.	**I first played badminton.**
[그 전의 상황]	배드민턴에 대해 잘 몰랐다.	**I didn't know much about badminton.**
[관심을 갖게 된 사건]	아버지께서 재미로 배드민턴을 치자고 하셨다.	**My father suggested playing badminton for fun.**
[영향력을 준 사람]	그가 배드민턴 치는 법을 가르쳐 주었다.	**He taught me how to play badminton.**
[활동 후의 변화]	배드민턴을 치는 동안에	**While I was playing badminton,**
[마무리]	적어도 일주일에 한 번은 배드민턴을 친다.	**I play badminton at least once a week.**

Q3 | [자전거를 타다 다친 경험] **Have you ever been injured while you were riding a bicycle? What happened?**
자전거를 타다가 부상을 당한 경험이 있나요? 무슨 일이 있었나요?

문제 듣기 **Key words:** injured, riding, bicycle, what, happened

→ STEP 1 기본 답변

MP3 06-17

❶ 경험 시기	두 달 전 에 저는 자전거 사고를 경험했습니다.	

Two months ago, I had a bicycle accident.

❷ 장소 묘사

저는 보라매 공원 에 갔는데, 많은 사람들로 붐볐습니다.

I went to Boramae Park, **and it was very crowded.**

❸ 사건 전의 상황

도착하자마자 저는 자전거를 타기 시작했습니다 .

As soon as I arrived, I started riding a bicycle.

❹ 사건 묘사

그런데, 갑자기 어떤 사람이 제 자전거에 부딪혔습니다 .

Suddenly, however, someone hit my bicycle.

❺ 사건 후

저는 자전거에서 떨어졌습니다.

I fell off my bike.

❻ 마무리

다행히, 부상은 당하지 않았습니다.

Luckily, I didn't get injured.

an accident 사고　　**hit** ~와 부딪히다　　**fall off** ~에서 떨어지다
get injured 부상을 당하다

⟨MP3 06-18⟩

① 경험 시기 **Two months ago, I had a bicycle accident. ②** 장소 묘사 **I went to Boramae Park** to ride a bicycle with my friend, **and the park was very crowded. ③** 사건 전의 상황 **As soon as I arrived, I started riding a bicycle,** and I was riding really fast. **④** 사건 묘사 **Suddenly, however, someone hit my bicycle,** He didn't see my bicycle coming. **⑤** 사건 후 **I fell off my bike. ⑥** 마무리 **Luckily, I didn't get injured,** and he was also O.K. Since then, I have never ridden a bicycle fast in a crowded place.

> 두 달 전에 저는 자전거 사고를 경험했습니다. 저는 친구와 자전거를 타러 보라매 공원에 갔는데, 공원은 많은 사람들로 붐볐습니다. 도착하자마자 저는 자전거를 타기 시작했고, 굉장히 빨리 달리고 있었습니다. 그런데, 갑자기 어떤 사람이 제 자전거에 부딪혔습니다. 그 사람은 제 자전거가 오는 것을 보지 못했습니다. 저는 자전거에서 떨어졌습니다. 다행히, 저는 부상을 당하지 않았고, 그도 괜찮았습니다. 그때부터 저는 복잡한 곳에서는 자전거를 절대 빨리 타지 않습니다.

fast 빠르게　**see 사람+동사ing** ～가 ～하고 있는 것을 보다　**since then** 그때 이후로
ridden (ride의 과거완료형)　**a crowded place** 복잡한 장소

● **STEP 3** 표현 늘리기: 자전거 사고 묘사

I got a flat tire. 타이어가 펑크 났습니다.
I crashed into a tree. 나무에 충돌했습니다.
The chain fell off. 체인이 빠졌습니다.
I bumped into another bicycle. 다른 자전거와 부딪혔습니다.
I couldn't control the speed. 스피드를 조절할 수 없었습니다.

Unit 04 / 운동: 배드민턴

Q₁ [활동 패턴 묘사] **You indicated in the survey that you like to play badminton. How often and where do you play badminton? Who do you usually play with?**

당신은 설문에서 배드민턴 치는 것을 좋아한다고 답했습니다. 얼마나 자주, 어디에서 배드민턴을 치나요? 보통 누구와 배드민턴을 치나요?

문제 듣기 **Key words:** play badminton, how often, where, who, usually

---

⊙ STEP 1 기본 답변 유형 패턴 7 적용 (p.44)

MP3 06-19

❶ 활동 빈도 및 시기 저는 [일주일] 에 한 번, 주로 주말에 배드민턴을 칩니다.
I play badminton **once a** week, **usually on weekends.**

❷ 같이 치는 사람 저는 종종 [제 형] 과 [배드민턴을 칩니다].
I often play badminton **with** my brother.

❸ 주로 가는 장소 우리는 보통 보라매 공원에 갑니다.
We normally go to Boramae Park.

❹ 도착하자마자 하는 일 그곳에 도착하면, 우리는 먼저 [준비운동을] 합니다.
When we arrive there, we first do some warm-up exercises.

❺ 그 다음 하는 일 그리고 나서 [한 시간 동안 배드민턴을 칩니다].
Then, we play badminton for one hour.

❻ 후에 하는 일 그 후에 우리는 [벤치에 앉아 이야기하는] 것을 좋아합니다.
After that, we like to chat on a bench.

---

 play badminton 배드민턴을 치다   **warm-up exercise** 준비운동   **chat** 수다를 떨다

MP3 06-20

1 활동 빈도 및 시기 I play badminton once a week, usually on weekends. 2 같이 치는 사람 I often play badminton with my brother because we both like to exercise. **3 주로 가는 장소 We normally go to Boramae Park** to play badminton. It has a few nice badminton courts. **4 도착하자마자 하는 일 When we arrive there, we first do some warm-up exercises. 5 그 다음 하는 일 Then, we play badminton for one hour.** Sometimes, when we have matches, we play for hours. **6 후에 하는 일 After that, we like to chat on a bench.** When we feel tired, we go straight home.

저는 일주일에 한 번, 주로 주말에 배드민턴을 칩니다. 저는 종종 형과 배드민턴을 치는데 우리 둘 다 운동을 좋아하기 때문입니다. 우리는 배드민턴을 치러 보통 보라매 공원에 갑니다. 보라매 공원에는 몇 개의 훌륭한 배드민턴 코트가 있습니다. 그곳에 도착하면, 우리는 먼저 준비운동을 합니다. 그리고 나서, 한 시간 동안 배드민턴을 칩니다. 가끔 경기를 할 때면, 몇 시간 동안 치기도 합니다. 그 후에 우리는 벤치에 앉아 이야기하는 것을 좋아합니다. 피곤하면 집에 곧장 가기도 합니다.

a badminton court 배드민턴 코트   **a match** (배드민턴 등의) 경기
go straight home 집에 곧장 가다

→ **STEP 3 답변 늘리기: 운동**(조깅, 걷기, 자전거, 배드민턴)**에 대한 활동 패턴 이야기하기**

'배드민턴'뿐만 아니라 '조깅/걷기/자전거'에서도 언제, 얼마나 자주, 어디에서 등을 물어보는 활동 패턴에 대한 문제가 출제될 수 있습니다. 앞서 연습한 [기본 답변]의 이야기는 어디에도 활용 가능하므로 아래 표현들을 활용하여 각 운동에 적용해 다시 연습해 보세요.

[조깅]　조깅을 하다 **jog**
　　　　조깅을 하러 가다 **go jogging**

[걷기]　산책을 하다 **take a walk**
　　　　산책을 하러 가다 **go for a walk**

[자전거]　자전거를 타다 **ride a bicycle**
　　　　　자전거를 타러 가다 **go for a bicycle ride**

 **Q₂** [배드민턴 실력의 변화] **Please tell me how your skills have changed since you first played badminton. Have you improved a lot?**

배드민턴을 처음 친 후 실력이 어떻게 변화해왔는지 이야기해주세요. 실력이 많이 늘었나요?

문제 듣기 **Key words:** skills, changed, played, badminton, improved

→ STEP 1 기본 답변 유형 패턴 12 적용 (p.54)

MP3 06-21

❶ 도입   제 실력   에는 몇 가지 변화가 있어왔습니다.

There have been a few changes in my skills.

❷ 처음 실력   배드민턴을 처음 쳤을   때, 저는   배드민턴 치는 방법을   몰랐습니다.

When I first played badminton, I didn't know how to play.

❸ 당시의 상황   그때 당시에는   배드민턴 공을 잘 치지 못했습니다   .

I couldn't hit the shuttlecock well **at that time.**

❹ 실력의 변화   몇 년 후에   배드민턴을 잘 치게 되었습니다   .

A few years later, I became good at badminton.

❺ 현재의 상황   지금은 가끔   아마추어 경기에 참여합니다   .

Now, I sometimes attend an amateur match.

 skills 실력   improve 향상하다   hit 치다   a shuttlecock 배드민턴 공
attend 참여하다   amateur 아마추어

MP3 06-22

❶ 도입 **There have been a few changes in my** badminton **skills.** ❷ 처음 실력 **When I first played badminton** ten years ago, I didn't know how to play. ❸ 당시의 상황 **I couldn't hit the shuttlecock well at that time.** It was very difficult to swing my arm. ❹ 실력의 변화 **A few years later, I became good at badminton.** I practiced badminton with my brother every weekend. ❺ 현재의 상황 **Now, I sometimes attend an amateur match.**

제 배드민턴 실력에는 몇 가지 변화가 있어왔습니다. 10년 전 배드민턴을 처음 쳤을 때, 저는 배드민턴 치는 방법을 몰랐습니다. 그때 당시에는 배드민턴 공을 잘 치지 못했습니다. 팔을 휘두르는 것이 매우 어려웠습니다. 몇 년 후에 배드민턴을 잘 치게 되었습니다. 형과 함께 매 주말마다 배드민턴 연습을 했습니다. 지금은 가끔 아마추어 경기에 참여합니다.

어휘 **skills in 명사형** ~의 실력   **swing** 휘두르다   **an arm** 팔   **practice** 연습하다

→ STEP 3 답변 늘리기: 자전거 타는 실력의 변화에 대해 이야기하기

앞의 [기본 답변] 패턴을 이용하면, 운동 항목인 '자전거'에서도 '자전거 실력의 변화'에 대해 이야기할 수 있습니다. 아래 표현들을 활용하여 자전거 실력의 변화에 대한 이야기 연습을 해보세요.

[도입]	자전거 타는 실력	**my skills in riding a bicycle**
[처음 실력]	자전거 타는 법에 대해 잘 몰랐다	**I didn't know how to ride a bike**
[당시의 상황]	균형을 잘 잡지 못했다	**I couldn't keep my balance well**
[실력의 변화]	자전거를 잘 타게 되었다	**I became good at riding a bicycle**
[현재의 상황]	아마추어 경기에 참여한다	**I attended an amateur race**

Q3 [기억에 남는 배드민턴 경기] **Can you tell me about a memorable badminton match you've had? Who did you play with?**

기억에 남는 배드민턴 경기에 대해 이야기해줄 수 있나요? 누구와 배드민턴을 쳤나요?

문제 듣기 **Key words:** memorable, badminton, match

STEP 1 기본 답변

MP3 06-23

❶ 경험 시기	한 달 전 에 저는 기억에 남는 배드민턴 경기를 했습니다.
	One month ago, **I had a memorable badminton match.**
❷ 사람, 장소	저는 보라매 공원 에서 제 친구와 경기를 했습니다.
	I had the match with my friend **at** Boramae Park.
❸ 사건 전의 상황	매치 포인트 까지는 모든 것이 순조로워 보였습니다.
	Everything seemed fine until the match point.
❹ 사건 묘사	그런데, 갑자기 제가 넘어졌습니다 .
	Suddenly, however, I fell down.
❺ 사건 후	다행히, 부상은 당하지 않았습니다 .
	Luckily, I didn't get injured.
❻ 마무리	그러나 결국 경기에서 지고 말았습니다 .
	But, I lost the match **after all.**

 a badminton match 배드민턴 경기 **seem** ~인 듯 하다 **the match point** 매치 포인트
fall down 넘어지다 **get injured** 부상 당하다 **lose** 지다 **after all** 결국

MP3 06-24

❶ 경험 시기 One month ago, I had a memorable badminton match. ❷ 사람, 장소 I had the match with my friend at Boramae Park. ❸ 사건 전의 상황 Everything seemed fine until the match point. I was almost winning the match, and I was very excited. **❹ 사건 묘사 Suddenly, however, I fell down** because I twisted my ankle when I hit the shuttlecock. **❺ 사건 후 Luckily, I didn't get injured. ❻ 마무리 But, I lost the match after all,** and I had to buy him beer.

한 달 전에 저는 기억에 남는 경기를 했습니다. 저는 보라매 공원에서 제 친구와 경기를 했습니다. 매치 포인트까지는 모든 것이 순조로워 보였습니다. 제가 거의 경기를 이기고 있었고, 매우 신이 났습니다. 그런데, 공을 칠 때 발목이 비틀리는 바람에 갑자기 제가 넘어졌습니다. 다행히, 부상은 당하지 않았습니다. 그러나 결국 경기에서 지고 말았고, 제 친구에게 맥주를 사야 했습니다.

almost 거의   **win** 이기다   **excited** 신이 난   **twist** 비틀리다   **an ankle** 발목

→ **STEP 3 표현 늘리기: 경기 결과 묘사**

I won the match. 그 경기에서 제가 이겼습니다.
I barely won the match. 경기에서 간신히 제가 이겼습니다.
I lost the match. 그 경기에서 제가 졌습니다.
We were tied. 우리는 동점이었습니다.
We couldn't finish the match. 경기를 끝낼 수 없었습니다.

Chapter 07

해변으로 가요

OPIc Background Survey 설문지 선택

4. 여가 시간에는 어떤 활동을 하십니까? (두 개 이상 선택)

○ 영화보기　　　　○ 클럽/나이트클럽 가기　　　　○ 공연보기

○ 콘서트보기　　　○ 박물관가기　　　　　　　　　○ 공원가기

● 캠핑가기　　　　● 해변가기　　　　　　　　　　○ 스포츠 관람

○ 집안일 거들기　○ 술집/바에 가기　　　　　　　○ 카페/커피전문점에 가기

○ 게임하기 (비디오, 카드, 보드, 휴대폰 등)　　　　○ 당구치기

○ 체스하기　　　　○ SNS(페이스북,트위터,싸이월드 등)에 글 올리기　○ 친구들에게 문자보내기

○ 시험대비 과정 수강하기　　　　　　　　　　　　○ 뉴스를 보거나 듣기

○ 요리 관련 프로그램 시청하기　　　　　　　　　　○ 차로 드라이브하기

○ 스파가기　　　　○ 구직활동하기　　　　　　　　○ 자원봉사하기

7. 다음 중 어떤 휴가나 출장 경험이 있습니까? (한 가지 이상 선택)

○ 국내출장　　　○ 해외출장　　　○ 집에서 보내는 휴가　　● 국내여행　　　○ 해외여행

OPIc Background Survey의 항목들 중에서는 여가나 휴가 활동으로
다른 지역으로 이동하는 활동들이 있습니다.
여가 활동 항목인 '해변 가기'와 '캠핑 하기'를 같이 묶고,
휴가 항목인 '국내 여행'을 선택하면 공통적으로
'해변에서 하는 활동'들에 대한 이야깃거리를 만들어
효율적으로 답변을 준비할 수 있습니다.
따라서 아래 설정을 같이 해보고,
각 주제에 대해 차근차근 연습해보세요.

Chapter 7 공통 주제 이야깃거리 준비하기

설정 1 **[자주 가는 해변 = 자주 가는 캠핑 장소 = 자주 가는 여행지]**
여행도 캠핑도 나는 해변에 가는 것을 좋아해!

설정 2 **[해변/캠핑/여행지에 같이 가는 사람]**
해변에 항상 같이 가는 사람은 나와 제일 친한 친구!
우리는 둘 다 바다를 좋아하기 때문에 항상 해변으로 캠핑, 여행을 같이 가지.

설정 3 **[해변/캠핑/여행지에 가서 주로 하는 일]** 해변에 가면 제일 먼저 텐트를 치고,
바다 수영을 즐기기. 그 후에는 신선한 해산물 먹기.

설정 4 **[해변/캠핑/여행지에서 겪은 어려움]**
갑자기 비가 심하게 내려 집으로 그냥 돌아갔지.

설정 5 **[해변/캠핑/여행지에서 겪은 특별한 일]** 해변에서 산책하다가
가장 좋아하는 배우가 영화 촬영하는 모습을 보고 사인 받은 일.

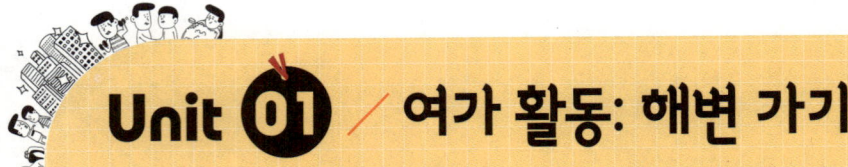

Unit 01 / 여가 활동: 해변 가기

Q1 [자주 가는 해변] **You indicated in the survey that you like to go to the beach. Can you tell me about the beach you often go to? Where is it? Why do you often go there?**

당신은 설문에서 해변에 가는 것을 좋아한다고 답했습니다. 자주 가는 해변에 대해 이야기해줄 수 있나요? 그 해변은 어디에 있나요? 왜 그 해변에 자주 가나요?

문제 듣기 **Key words:** beach, often, go, where, why

⊙ STEP 1 기본 답변   유형 패턴 3 적용 (p.36)

MP3 07-01

❶ 장소 소개
저는 ⬚대천해수욕장⬚ 에 자주 갑니다.
I often go to Daecheon Beach.

❷ 위치
대천해수욕장은 ⬚한국의 서해안⬚ 에 있습니다.
It is located on the west coast of Korea.

❸ 특징
그곳은 ⬚젊은 사람들⬚ 에게 인기 있는 장소입니다.
This place is very popular with young people.

❹ 가게 된 이유
제가 그곳에 가는 이유는 몇 가지가 있습니다.
There are a few reasons I often go there.

❺ 이유 1
먼저, 그곳은 우리 집에서 가깝습니다.
First, it is close to my house.

❻ 이유 2
또한 그곳은 ⬚다른 해변들⬚ 보다 더 좋은 시설들을 갖추고 있습니다.
Also, it has better facilities than other beaches.

❼ 마무리
전반적으로 그 해변은 ⬚수상 활동을 하기⬚ 에 좋은 장소입니다.
Overall, it is a good place to do water activities.

어휘 **on the west coast** 서해안에   **a water activity** 수상 활동

MP3 07-02

① 장소 소개 **I often go to Daecheon Beach, ②** 위치 **which is located on the west coast of Korea. ③** 특징 **This place is very popular with young people** since they like to attend the Mud Festival there. **④** 가게 된 이유 **There are a few reasons I often go there. ⑤** 이유 1 **First, it is close to my house.** It only takes about forty minutes by train to get there. **⑥** 이유 2 **Also, it has better facilities than other beaches.** For example, you will see good shower facilities, nice little stores, and a beautiful boardwalk along the beach. **⑦** 마무리 **Overall, it is a good place to do water activities.**

저는 한국의 서해안에 위치한 대천해수욕장에 자주 갑니다. 대천해수욕장은 많은 젊은이들이 그곳의 머드 축제에 참여하는 것을 좋아하기 때문에 인기 있는 장소입니다. 제가 그곳에 가는 이유는 몇 가지가 있습니다. 먼저, 그곳은 우리 집에서 가깝습니다. 그곳까지는 기차로 40분 정도 밖에 안 걸립니다. 또한 그곳은 다른 해변들보다 더 좋은 시설들을 갖추고 있습니다. 예를 들면 좋은 샤워장, 훌륭한 상점들, 그리고 아름다운 해안 산책로가 있습니다. 전반적으로 그 해변은 수상 활동을 하기에 좋은 장소입니다.

어휘 **attend** 참여하다 **a festival** 축제 **by train** 기차로 **a store** 상점
a boardwalk (해안가 등에 판자를 깔아 놓은) 산책길

자주 가는 캠핑 장소를 자주 가는 해변으로 설정하면, 캠핑을 자주 하는 장소에 대해 묘사하라는 문제가 나왔을 때 앞에서 연습한 답변을 활용해 이야기할 수 있습니다. [기본 답변]의 패턴을 바탕으로 아래 표현들을 참고하여, 캠핑하는 장소에 대해 이야기 연습을 해보세요.

[장소 소개] 대천 해수욕장으로 자주 캠핑을 가다. **I often go camping at Daecheon Beach.**
[캠핑을 자주 하는 이유] 다른 캠핑장보다 더 좋은 시설을 갖고 있다. **It has better facilities than other campsites.**
[마무리] 그 해변은 캠핑을 하기에 좋은 장소다. **It is a good place to camp.**

 **Q₂** [해변에서 주로 하는 것] **How often do you go to the beach? What do you normally do on the beach?**

얼마나 자주 해변에 가나요? 해변에서는 주로 무엇을 하나요?

문제 듣기 **Key words:** how often, go, beach, what, normally, do

---

STEP 1 기본 답변 유형 패턴 7 적용 (p.44)

MP3 07-03

❶ 활동 빈도 및 시기
저는 1년에 한 번, 주로 │여름에 해변에 갑니다│.
I go to the beach **once a year, usually** in summer.

❷ 같이 가는 사람
저는 종종 │가장 친한 친구│ 와 해변에 갑니다.
I often go with my best friend.

❸ 주로 가는 장소
우리는 보통 │대천해수욕장│ 에 갑니다.
We normally go to Daecheon Beach.

❹ 도착하자마자 하는 일
그곳에 도착하면, 우리는 먼저 │산책을│ 합니다.
When we arrive there, we first take a walk.

❺ 그 다음 하는 일
그리고 나서, │바다에서 수영을│ 합니다.
Then, we swim in the ocean.

❻ 후에 하는 일
그 후에 우리는 │해산물 먹는│ 것을 좋아합니다.
After that, we like to eat seafood.

---

 go to the beach 해변에 가다   in summer 여름에   swim in the ocean 바다에서 수영하다
seafood 해산물

❶ 활동 빈도 및 시기 **I go to the beach once a year, usually in summer** because I can do a lot of water activities at the beach in summer. ❷ 같이 가는 사람 **I often go with my best friend** since we both like the sea. ❸ 주로 가는 장소 **We normally go to Daecheon Beach,** which is on the west coast of Korea. It is famous for its beautiful nature. ❹ 도착하자마자 하는 일 **When we arrive there, we first take a walk** along the beach. ❺ 그 다음 하는 일 **Then, we swim in the ocean** for hours and enjoy sunbathing. ❻ 후에 하는 일 **After that, we like to eat** fresh **seafood** at a seafood restaurant near the beach.

저는 1년에 한 번, 주로 여름에 해변에 가는데 여름에는 해변에서 많은 수상 활동을 할 수 있기 때문입니다. 저는 종종 가장 친한 친구와 해변에 가는데 우리 둘 다 바다를 좋아합니다. 우리는 보통 한국의 서해안에 위치한 대천해수욕장에 갑니다. 대천해수욕장은 아름다운 자연으로 유명합니다. 그곳에 도착하면, 우리는 먼저 해안가를 따라 산책을 합니다. 그리고 나서, 몇 시간 동안 바다에서 수영을 하고 일광욕을 즐깁니다. 그 후에 우리는 해변 근처 해산물 음식점에서 신선한 해산물 먹는 것을 좋아합니다.

어휘 | **nature** 자연 **along** ~를 따라서 **sunbathe** 일광욕을 하다 **fresh** 신선한 **a restaurant** 식당

→ **STEP 3** 표현 늘리기: 해변에서 할 수 있는 활동

search for shells or crabs 조개나 게를 찾다
play beach volleyball 비치발리볼을 하다
camp 캠핑을 하다
float on the water in a tube 튜브를 타고 물에 떠다니다
have fun in the water 물놀이를 하다
ride on a banana boat 바나나 보트를 타다
swim in the ocean 바다에서 수영을 하다
go snorkeling/waterskiing 스노클링/수상스키를 하다
take a walk along the beach 해변을 따라 산책하다
sunbathe 일광욕을 하다
relax under the beach umbrella 파라솔에서 휴식을 취하다
make a campfire on the beach 해변에서 캠프파이어를 하다

 **Q3** [해변에서 날씨가 안 좋았던 경험] **Have you ever experienced bad weather when you were at the beach? What happened?**

해변에 있는 동안 안 좋은 날씨를 경험한 적이 있나요? 무슨 일이 있었나요?

문제 듣기 **Key words:** experienced, bad weather, beach, happened

→ STEP 1 기본 답변 유형 패턴 11 적용 (p.52)

MP3 07-05

❶ 경험 시기
작년 여름 에 저는 해변에서 안 좋은 날씨를 경험했습니다.
Last summer**, I experienced bad weather at the beach.**

❷ 사람, 장소
저는 친구들과 대천해수욕장 에 갔습니다.
I went to Deacheon Beach **with my friends.**

❸ 사건 전의 상황
아침 까지는 모든 것이 순조로워 보였습니다.
Everything seemed fine until that morning.

❹ 사건 묘사
그런데, 갑자기 비가 내리기 시작했습니다 .
Suddenly, however, it started to rain.

❺ 사건 후
불행히도 우리는 수영을 할 수가 없었습니다 .
Unluckily, we couldn't swim.

❻ 마무리
그래서 결국에는 집에 다시 돌아와야만 했습니다 .
So, we came back home **after all.**

 weather 날씨　seem ~인 듯　until ~까지　rain 비가 오다　after all 결국

`MP3 07-06`

❶ **경험 시기** **Last summer, I experienced bad weather at the beach.** ❷ **사람, 장소** **I went to Deacheon Beach with my friends** to swim, and the weather caster said the weather would be nice. ❸ **사건 전의 상황** **Everything seemed fine until that morning.** ❹ **사건 묘사** **Suddenly, however, it started to rain** heavily right after we arrived at the beach. Also, it was very cold. ❺ **사건 후** **Unluckily, we couldn't swim.** ❻ **마무리** **So, we came back home after all.** It was such an unlucky day.

> 작년 여름에 저는 해변에서 안 좋은 날씨를 경험했습니다. 저는 친구들과 수영을 하러 대천해수욕장에 갔고, 기상캐스터는 날씨가 좋을 것이라고 했습니다. 그날 아침까지는 모든 것이 순조로운 듯 했습니다. 그런데, 갑자기 우리가 해변에 도착하자마자 비가 심하게 내리기 시작했습니다. 또한 굉장히 추웠습니다. 불행히도 우리는 수영을 할 수가 없었습니다. 그래서 결국에는 집에 다시 돌아와야만 했습니다. 정말 운이 없는 하루였습니다.

어휘 **a weather caster** 기상캐스터   **right after** 바로 뒤에   **cold** 추운   **unluckily** 불행히도

→ **STEP 3** 답변 늘리기: 캠핑 중 겪은 어려움 묘사

앞의 [기본 답변] 패턴을 이용하면, 또 다른 여가 활동 항목인 '캠핑 하기'에서 '캠핑 중 겪은 어려움'을 물어보는 문제에 답변할 수 있습니다. 아래 표현들을 활용하여 이야기 연습을 해보세요.

[경험 시기]	캠핑 중 안 좋은 날씨를 경험했다	**I experienced bad weather while camping.**
[사람, 장소]	친구와 대천해수욕장에서 캠핑을 했다	**I camped at Deacheon Beach with my friend.**
[사건 묘사]	갑자기 비가 심하게 내리기 시작했다	**Suddenly, it started to rain heavily.**
[사건 후]	캠핑을 할 수가 없었다.	**We couldn't keep camping.**
[마무리]	결국 집에 돌아왔다	**We came back home after all.**

Unit 02 / 여가 활동: 캠핑 하기

Q1

[캠핑 패턴 이야기하기] **How often do you go camping? Who do you usually go with? What do you usually do when you go camping?**

얼마나 자주 캠핑에 가나요? 누구와 같이 가나요? 캠핑에 가서 주로 무엇을 하나요?

문제 듣기 **Key words:** how often, who, what, go camping

● STEP 1 기본 답변 유형 패턴 7 적용 (p.44)

MP3 07-07

❶ 활동 빈도 및 시기
저는 1년에 한 번, 주로 여름에 캠핑을 갑니다 .
I go camping **once a year, usually** in summer.

❷ 같이 가는 사람
저는 종종 가장 친한 친구 와 갑니다.
I often go with my best friend.

❸ 주로 가는 장소
우리는 보통 캠핑을 하러 대천해수욕장 에 갑니다.
We normally go to Daecheon Beach for camping.

❹ 도착하자마자 하는 일
그곳에 도착하면, 우리는 먼저 텐트를 칩니다 .
When we arrive there, we first set up a tent.

❺ 그 다음 하는 일
그리고 나서, 바다에서 수영을 합니다.
Then, we swim in the ocean.

❻ 후에 하는 일
그 후에 우리는 해산물 요리하는 것을 좋아합니다.
After that, we like to cook seafood dishes.

 어휘   **go camping** 캠핑을 가다   **camping** 캠핑   **set up a tent** 텐트를 치다   **a dish** 요리

(MP3 07-08)

❶ **활동 빈도 및 시기** **I go camping once a year, usually in summer.** ❷ **같이 가는 사람** **I often go with my best friend** because we both like camping. ❸ **주로 가는 장소** **We normally go to Daecheon Beach for camping** since there is a good campsite near the beach. ❹ **도착하자마자 하는 일** **When we arrive there, we first set up a tent** and unpack our camping supplies. ❺ **그 다음 하는 일** **Then, we swim in the ocean** and have fun in the water until the evening. ❻ **후에 하는 일** **After that, we like to cook seafood dishes** and eat them for dinner.

저는 1년에 한 번, 주로 여름에 캠핑을 갑니다. 저는 종종 가장 친한 친구와 가는데 우리 둘 다 캠핑을 좋아하기 때문입니다. 우리는 보통 캠핑을 하러 대천해수욕장에 갑니다. 해변 근처에 좋은 캠핑장이 하나 있습니다. 그곳에 도착하면, 우리는 먼저 텐트를 치고, 캠핑 장비를 풀어 놓습니다. 그리고 나서, 저녁때까지 바다에서 수영을 하고 물놀이를 합니다. 그 후에 우리는 저녁으로 해산물을 요리해 먹는 것을 좋아합니다.

 a campsite 캠핑장   **unpack** (짐 등을) 풀다   **camping supplies** 캠핑 장비

→ **STEP 3** 답변 늘리기: 여행에서 주로 하는 일

앞의 [기본 답변] 패턴을 이용하면, 휴가 항목인 '국내 여행'에서 '여행에서 주로 하는 일/같이 가는 사람/빈도'를 물어보는 문제에 답변할 수 있습니다. 아래 표현들을 활용하여 이야기 연습을 해보세요.

[빈도/시기]	1년에 한 번 여행을 가다	**go traveling once a year**
[자주 가는 장소]	주로 보령으로 여행을 가다	**go to Boryung for a trip**
[도착하자 마자 하는 일]	유명한 섬들을 돌아보다	**tour famous islands**
[그 다음 하는 일]	해변에서 수영을 하다	**swim at the beach**
[후에 하는 일]	신선한 해산물을 먹다	**eat fresh seafood.**

 **Q₂** | [캠핑에 가져가는 것] **What types of equipment or supplies do you usually take when you go camping?**
캠핑에 갈 때 보통 어떤 종류의 장비나 물품들을 가져가나요?

문제 듣기 **Key words:** equipment, supplies, take, camping

⊖ STEP 1 기본 답변

MP3 07-09

❶ 가져가는 것 1　　　저는　　먼저 텐트　　에 대해 이야기하고 싶습니다.
I'd like to talk about a tent first.

❷ 가져 가는 이유 1　　저는　　텐트　　없이　　밖에서 잠을 잘　　수가 없습니다.
I can't sleep outside **without** it.

❸ 가져 가는 이유 2　　또한　　텐트는 바람을 막아줍니다　　.
A tent **also** shuts out the wind.

❹ 가져 가는 것 2　　　　렌턴　　또한 중요합니다.
A lantern **is also important.**

❺ 이유　　　랜턴은　　밤에도 활동을 할　　수 있도록 도와줍니다.
It helps me do some activities even at night.

---

 camping equipment 캠핑 장비　　supplies 물품　　outside 밖에서
shut out 막아주다　　a lantern 랜턴, 손전등

MP3 07-10

① 가져가는 것 1 I usually take many types of equipment and supplies when I go camping, but **I'd like to talk about a tent first. ② 가져 가는 이유 1 I can't sleep outside without it.** It always makes a comfortable place to sleep. **③ 가져 가는 이유 2 A tent also shuts out the wind.** I don't need to worry about the cold in a tent even in winter. **④ 가져가는 것 2 A lantern is also important. ⑤ 이유 It helps me do some activities even at night.** Once, I didn't bring a lantern, so I couldn't do anything during the night.

> 저는 다양한 종류의 캠핑 장비나 물품들을 가져가지만, 먼저 텐트에 대해 이야기하고 싶습니다. 저는 텐트 없이 밖에서 잠을 잘 수가 없습니다. 텐트는 항상 편안한 잠자리를 마련해 줍니다. 또한 텐트는 바람을 막아줍니다. 겨울에도 텐트 안에서는 추위에 대한 걱정을 할 필요가 없습니다. 랜턴 또한 중요합니다. 랜턴은 밤에도 활동을 할 수 있도록 도와줍니다. 한번은 랜턴을 가져가지 않아서, 밤에 아무것도 할 수가 없었습니다.

어휘 | comfortable 편안한   worry about ~에 대해 걱정하다   the cold 추위   bring 가져가다

a tent 텐트	**a sleeping bag** 침낭
a blanket 담요	**a cooler** 야외 냉장고
a lighter 라이터	**a campfire grill** 캠프파이어 그릴
a multi-tool 공구 도구	**extra clothing** 여벌의 옷
an insect repellent 모기약	**a folding chair/table** 접이식 의자/테이블
a camp stove 캠핑용 버너	**toiletries** 세면도구
portable pots and pans 휴대용 조리기구	**a sunscreen** 자외선차단제

Q3 [가장 최근에 캠핑을 간 경험] **When did you go camping recently? Who did you go with, and what did you do while camping?**

최근에 캠핑을 갔던 것은 언제였나요? 누구와 갔고, 캠핑 중에 무엇을 했나요?

문제 듣기 **Key words:** recently, go, camping, who, what

→ STEP 1 기본 답변 · 유형 패턴 8 적용 (p.46)

MP3 07-11

❶ 경험 시기/사람 · 지난 여름 · 에 저는 · 친구 · 와 캠핑을 갔습니다.

Last summer, **I went camping with** my friend.

❷ 장소 묘사 · 우리는 · 대천해수욕장 · 에 갔는데, 그 해변은 많은 사람들로 붐볐습니다.

We went to Deacheon Beach, **and it was very crowded.**

❸ 한 일 1 · 우리는 도착하자마자, · 텐트를 치고 바다 수영을 했습니다 · .

As soon as we arrived, we set up our tent and swam in the ocean.

❹ 상황 묘사 · 날씨 · 가 기가 막히게 좋았습니다!

The weather **was awesome!**

❺ 한 일 2 · 수영 · 후에, 우리는 · 텐트 안에서 수다를 떨었습니다 · .

After swimming, **we** chatted in the tent.

❻ 마무리 · 정말 · 여유로운 · 여행이었습니다.

It was such a relaxing **trip.**

---

swam (swim의 과거형) 수영을 했다 · **swimming** (swim의 동명사형) 수영

MP3 07-12

① 경험 시기/사람 **Last summer, I went camping with my friend. ②** 장소 묘사 **We went to Deacheon Beach, and it was very crowded** since the beach was famous for being a good campsite. **③** 한 일 1 **As soon as we arrived, we set up our tent and swam in the ocean** for hours. **④** 상황 묘사 **The weather was awesome!** We had a lot of fun in the water. **⑤** 한 일 2 **After swimming, we** barbequed food and **chatted** while eating the barbeque **in the tent. ⑥** 마무리 **It was such a relaxing trip.**

> 지난 여름에 저는 친구와 캠핑을 갔습니다. 우리는 대천해수욕장에 갔는데, 그 해변은 좋은 캠핑장으로 유명해서 많은 사람들로 붐볐습니다. 우리는 도착하자마자 텐트를 치고, 몇 시간 동안 바다 수영을 했습니다. 날씨가 기가 막히게 좋았습니다! 물속에서 우리는 정말 재미있게 놀았습니다. 수영 후에는 바베큐를 요리하고, 텐트 안에서 바베큐를 먹으며 수다를 떨었습니다. 정말 여유로운 여행이었습니다.

since ~이기 때문에   **have fun** 재미있게 놀다   **barbeque** 바베큐(를 하다)

→ **STEP 3** 답변 늘리기: 최근에 해변에 간 경험 이야기하기

앞의 [기본 답변] 패턴을 이용하면, 또 다른 여가 활동 항목 '해변 가기'에서 '가장 최근에 해변에 간 경험'를 물어보는 문제에 답변할 수 있습니다. 아래 표현들을 활용하여 이야기 연습을 해보세요.

[시기/사람] 친구와 해변에 갔다   **went to the beach with my friend**
[한 일 1]   바다에서 수영을 하고 일광욕을 했다   **swam in the ocean and enjoyed sunbathing**
[한 일 2]   해산물을 먹으며 수다를 떨었다   **chatted about many things while eating seafood**

Unit 03 / 휴가: 국내 여행

Q₁ [자주 가는 국내 여행지] **You indicated in the survey that you like to take a domestic trip. Can you tell me about your favorite city or area you like to visit? What can you see there?**

당신은 설문에서 국내 여행하는 것을 좋아한다고 답했습니다. 방문하기 가장 좋아하는 도시나 지역에 대해 이야기해줄 수 있나요? 그곳에서는 무엇을 볼 수 있나요?

문제 듣기 **Key words:** domestic trip, favorite city, area, visit, see

➔ STEP 1 기본 답변 유형 패턴 3 적용 (p.36)

MP3 07-13

❶ **장소 소개**

저는 보령 에 자주 갑니다.

I often go to Boryung.

❷ **위치**

보령은 한국의 서부 에 있습니다.

It is located in the western part of Korea.

❸ **특징**

그곳은 가족들 에게 인기가 있는 장소입니다.

This place is very popular with families.

❹ **가게 된 이유**

제가 그곳에 가는 이유는 몇 가지가 있습니다.

There are a few reasons I often go there.

❺ **이유 1**

먼저, 그곳은 우리 집에서 가깝습니다.

First, it is close to my house.

❻ **이유 2**

또한 그곳에는 아름다운 섬과 해수욕장들 이 있습니다.

Also, there are beautiful islands and beaches **in this area.**

❼ **마무리**

전반적으로 그곳은 여행하기 에 좋은 장소입니다.

Overall, it is a good place to take a trip.

어휘 take a trip 여행을 하다 a domestic trip 국내 여행 in the western part of ~의 서부에 있는
an island 섬

MP3 07-14

❶ 장소 **I often go to Boryung,** ❷ 위치 which **is located in the western part of Korea.** ❸ 특징 **This place is very popular with families.** ❹ 가게 된 이유 **There are a few reasons I often go there.** ❺ 이유 1 **First, it is close to my house.** It only takes about 40 minutes by train to get there. ❻ 이유 2 **Also, there are beautiful islands and beaches in this area.** Among them, I often go to Deacheon Beach. Boryung is also famous for nice hotels and seafood restaurants. ❼ 마무리 **Overall, it is a good place to take a trip.**

저는 한국의 서부에 위치한 보령에 자주 갑니다. 그곳은 가족들에게 인기 있는 장소입니다. 제가 그곳에 가는 이유는 몇 가지가 있습니다. 먼저, 그곳은 우리 집에서 가깝습니다. 그곳까지는 기차로 약 40분 정도 밖에 안 걸립니다. 또한 그곳에는 아름다운 섬들과 해수욕장들이 있습니다. 저는 그 중에서 대천해수욕장에 자주 갑니다. 보령은 또한 좋은 호텔들과 해산물 음식점들로 유명합니다. 전반적으로 보령은 여행하기에 좋은 장소입니다.

어휘 | **among** ~중에서   **a hotel** 호텔   **seafood** 해산물

→ STEP 3 표현 늘리기: 특정 여행지가 좋은 이유

The city is very quiet. 도시가 매우 조용합니다.
The city is pretty exotic. 도시가 매우 이국적입니다.
It doesn't cost me much to travel there. 그곳을 여행하는 데 돈이 많이 들지 않습니다.
People are very kind there. 그곳 사람들이 매우 친절합니다.
I love the local food there. 저는 그곳 지역 음식을 좋아합니다.

Q2 [어릴 때 한 여행 경험] **Please tell me about a memorable trip you had when you were a child. Where did you go and who did you take a trip with?**

어렸을 때 했던 여행에 대한 기억을 이야기해보세요. 어디에 갔었고, 누구와 여행을 했나요?

문제 듣기 **Key words:** memory, trip, child, where, who

⊙ **STEP 1** 기본 답변 　유형 패턴 8 적용 (p.46)

(MP3 07-15)

❶ **경험 시기/사람** 　제가 열살 때 에 가족 과 기억에 남는 여행을 했습니다.

When I was ten, **I had a memorable trip with** my family.

❷ **장소 묘사** 　우리는 제주도 에 갔는데, 그곳은 많은 사람들로 붐볐습니다.

We went to Jeju Island**, and it was very crowded.**

❸ **한 일 1** 　우리는 도착하자마자, 산에서 말을 탔습니다 .

As soon as we arrived, we rode a horse on a mountain.

❹ **상황 묘사** 　산 풍경 이 기가 막히게 좋았습니다!

The mountain view **was awesome!**

❺ **한 일 2** 　말을 탄 후에, 우리는 지역 음식을 즐겼습니다 .

After riding a horse, **we** enjoyed the local food.

❻ **마무리** 　정말 재미있는 여행이었습니다.

It was such an exciting **trip.**

어휘　ride a horse 말을 타다　　a mountain 산　　view 경관, 풍경
　　　local food 지역 음식　　exciting 신나는

❶ **경험 시기/사람** **When I was ten, I had a memorable trip with my family.** ❷ **장소 묘사** **We went to Jeju Island, and it was very crowded.** Jeju Island is very famous for the beautiful nature and excellent tourist attractions. ❸ **한 일 1** **As soon as we arrived, we rode a horse on a mountain.** ❹ **상황 묘사** I was afraid of riding a horse, but it was fun. Also, **the mountain view was awesome!** ❺ **한 일 2** **After riding a horse, we enjoyed the local food.** The pork dishes we had were especially great! ❻ **마무리** **It was such an exciting trip.**

> 제가 열살 때 가족과 기억에 남는 여행을 했습니다. 우리는 제주도에 갔는데, 그곳은 많은 사람들로 붐볐습니다. 제주도는 아름다운 자연과 훌륭한 관광지들로 아주 유명합니다. 우리는 도착하자마자, 산에서 말을 탔습니다. 말을 타는 것은 무서웠지만 정말 재미있었습니다. 또한, 산 풍경이 기가 막히게 좋았습니다! 말을 탄 후에, 우리는 지역 음식을 즐겼습니다. 돼지고기 요리가 특히 훌륭했습니다! 정말 재미있는 여행이었습니다.

어휘 | **excellent** 훌륭한   **a tourist attraction** 관광지   **fun** 재미있는   **pork** 돼지고기

STEP 3 표현 늘리기: 여행지에서 하는 일

visit museums / traditional temples / historical sites / cultural attractions / a theme park
박물관 / 전통 사원 / 사적지 / 문화 유적지 / 놀이 공원을 방문하다
take a city tour 시내를 관광하다
enjoy the night view 야경을 즐기다
participate in local festivals 지역 행사에 참여하다
take pictures 사진을 찍다
have local food 지역 음식을 먹다
watch a local show 지역 공연을 보다

Q₃ | [기억에 남는 여행] **Have you ever had an interesting or unexpected event that happened while you were traveling? What happened?**

여행을 하던 중에 일어났던 재미있거나 예기치 못한 사건을 경험한 적이 있었나요? 무슨 일이 있었나요?

문제 듣기 **Key words**: interesting, unexpected, event, traveling, happened

➡ STEP 1 기본 답변 유형 패턴 10 적용 (p.50)

`MP3 07-17`

❶ 경험 시기 　　작년　　 에 저는 기억에 남을 만한 경험을 했습니다.
Last year, **I had a very memorable experience.**

❷ 배경 설명 그때 당시 저는 　보령에서 시내 관광　 을 하고 있었습니다.
At that time, I was taking a city tour in Boryung.

❸ 발단 갑자기 사람들의 환호 소리를 들었습니다.
Suddenly, I heard some people cheering.

❹ 전개 저는 궁금해서 그 소리를 따라갔습니다.
I was curious, so I followed the sound.

❺ 절정 놀랍게도 제일 좋아하는 영화배우가 그곳에서 영화촬영을 하고 있었습니다.
Surprisingly, my favorite actor was shooting a movie there.

❻ 결말 저는 매우 신이 나서 그의 사인을 받았습니다.
I was very excited, and I got his autograph.

❼ 마무리 저는 그 날을 잊을 수 없을 것입니다.
I will never forget that day.

---

take a city tour 시내 관광을 하다　　shoot 촬영을 하다　　an autograph (유명 인사의) 사인

⊙ STEP 2 답변 Upgrade IM 공략

MP3 07-18

❶ 경험 시기 **Last year, I had a very memorable experience.** ❷ 배경 설명 **At that time, I was taking a city tour** with my friend in Boryung. ❸ 발단 **Suddenly, I heard some people cheering.** ❹ 전개 **I was** very **curious, so I followed the sound.** There were many people watching something. ❺ 절정 **Surprisingly, my favorite actor was shooting a movie there.** He was nicer than I thought. ❻ 결말 **I was very excited, and I got his autograph.** ❼ 마무리 **I will never forget that day.**

작년에 저는 기억에 남을 만한 경험을 했습니다. 그때 당시 저는 친구와 보령에서 시내 관광을 하고 있었습니다. 그런데 갑자기 사람들의 환호 소리를 들었습니다. 저는 몹시 궁금해서 그 소리를 따라갔습니다. 그곳에는 많은 사람들이 무언가를 구경하고 있었습니다. 놀랍게도 제가 제일 좋아하는 영화배우가 그곳에서 영화촬영을 하고 있었습니다. 그는 제가 생각했던 것보다 훨씬 괜찮았습니다. 저는 매우 신이 나서 그의 사인을 받았습니다. 그 날을 잊을 수 없을 것입니다.

어휘 **nicer** (nice의 비교급) 더 훌륭한, 좋은   **thought** (think의 과거형) 생각했다

⊙ STEP 3 답변 늘리기: 해변/캠핑장에서 겪은 특별한 일 이야기하기

'국내 여행' 뿐만 아니라 '해변 가기/캠핑 하기'에서도 겪은 특별한 일이나 기억에 남는 일에 대한 문제가 나올 수 있습니다. 앞에서 연습한 [기본 답변] 이야기는 어디에도 활용 가능하므로 각 상황에 적용해 다시 연습해보세요.

[해변 가기] 그때 당시 대천해수욕장 해변을 따라 산책을 하고 있었습니다.

At that time, I was taking a walk along Deacheon Beach.

[캠핑 하기] 그때 당시 저는 대천해수욕장에서 캠핑을 하고 있었습니다.

At that time, I was camping with my friend at Deacheon Beach.

Chapter 08

롤플레이는
이렇게!

OPIc에서 보통 2~3문제가 출제되는 롤플레이 유형은
크게 '면접관에게 질문하기', '제3자에게 상황 관련 질문하기',
'주어진 상황의 문제 해결하기'로 나눌 수 있습니다.
롤플레이 문제는 주제도 다양하고 주어지는 상황도 다양하지만
비슷한 주제는 롤플레이 문제 유형 또한 비슷한 경우가 많습니다.
따라서, Chapter 8에서는 OPIc에서 다뤄지는 비슷한 주제끼리 묶어
가장 자주 출제되는 롤플레이 문제들을 연습할 수 있도록 구성했습니다.
각 롤플레이 상황을 자세히 분석하고
답변을 준비할 수 있도록 공통적인 이야깃거리들을 연습해보세요.

Chapter 8 학습 방법

단계 1 주제 관련 문제들의 유형을 파악한다.

단계 2 각 문제와 관련된 Chapter 1의 패턴 유형 13, 14, 15를 파악하고,
그 패턴에 맞추어 기본 답변 문장들을 학습한다.

단계 3 공통 주제별 각 문제의 '답변 포인트'를 학습한다.

단계 4 유형 패턴에 맞추어 답변 포인트를 적용하여 연습한다.

Unit 01 / 면접관에게 질문하기

⊙ STEP 1 유형 포인트 학습

면접관인 Eva에게 정보를 물어보는 질문하기 유형은 주제별로 다양하게 출제되고, 기출 문제도 방대하기 때문에 실제 시험에서는 어떤 문제가 출제될지 예측하기가 어렵습니다. 하지만, 보통 '장소, 사람, 사물, 경험, 활동 패턴 등'을 묻는 질문을 공통적으로 생각하고 미리 연습한다면, 상황에 따라 다양한 문제에 적용하여 정보를 물어보는 질문을 할 수 있을 것입니다.

ex

★ **특정 장소에 대해 질문하기**
❶ 위치 물어보기 Where is it located?
❷ 그곳을 왜 자주 가는지 물어보기 Why do you often go there?

★ **특정 인물에 대해 질문하기**
❶ 어떤 사람인지 물어보기 What kind of person is he?
❷ 그 인물을 좋아하는 이유에 대해 물어보기 Why do you like him?

★ **특정 사물에 대해 질문하기**
❶ 어떤 종류의 사물을 갖고 있는지 물어보기 What kind of [사물] do you have?
❷ 생김새 물어보기 What does it look like?

★ **활동 패턴에 대해 질문하기**
❶ 얼마나 자주 그 활동을 하는지 물어보기 How often do you [동사원형]?
❷ 왜 그 활동을 좋아하는지 물어보기 Why do you like to [동사원형]?

★ **경험에 대해 질문하기**
❶ 언제 경험을 했는지 물어보기 When did you [동사원형]?
❷ 누구와 그 경험을 했는지 물어보기 Who did you [동사원형] with?

MP3 08-01

 Q1

[자주 가는 공원] I also like to go to the park. Please ask me three or four questions about my favorite park.

저 또한 공원에 가는 것을 좋아합니다. 제가 제일 좋아하는 공원에 대해 서너 가지 질문을 해보세요.

장소에 대해 질문하기 → 에바가 제일 좋아하는 공원 (favorite park)

답변

❶ 인사   **Hi, Eva.**

❷ 목적   **I'd like to ask you some questions about** your favorite park.

❸ 질문 1   **First,** where is your favorite park?

❹ 질문 2   **And,** what is there in the park?

❺ 질문 3   **I'd also like to know** why you like that park.

❻ 마무리   **Thank you for your answers.**

에바 씨 안녕하세요. 에바 씨가 제일 좋아하는 공원에 대해 질문하고 싶어요. 먼저 그 공원은 어디에 있나요? 그리고 그 공원에는 무엇이 있나요? 또한 그 공원을 왜 좋아하는지 알고 싶어요. 대답해 주셔서 감사합니다.

MP3 08-02

 Q2

[자전거] I have one bicycle. Please ask me three or four questions about my bicycle.

저는 자전거 한 대를 가지고 있습니다. 제 자전거에 대해 서너 가지 질문을 해보세요.

특정 대상 (사물)에 대해 질문하기 → 에바의 자전거 (my bicycle)

답변

❶ 인사   **Hi, Eva.**

❷ 목적   **I'd like to ask you some questions about** your bicycle.

❸ 질문 1   **First,** what kind of bicycle do you have?

❹ 질문 2   **And,** when did you get that bicycle?

❺ 질문 3   **I'd also like to know** what it looks like.

❻ 마무리   **Thank you for your answers.**

에바 씨 안녕하세요. 에바 씨의 자전거에 대해 몇 가지 질문하고 싶어요. 먼저, 어떤 자전거를 가지고 있나요? 그리고 그 자전거를 언제 구입했나요? 에바 씨는 어떤 종류의 자전거를 갖고 있나요? 또한 그 자전거가 어떻게 생겼는지 알고 싶어요. 대답해 주셔서 감사합니다.

Q₃

[가장 좋아하는 선생님] **I also go to school. Now, please ask me three or four questions about my favorite teacher.**

저 또한 학교에 다니고 있습니다. 제가 가장 좋아하는 선생님에 대해 서너 가지 질문을 해보세요.

특정 인물에 대해 질문하기 → 에바가 가장 좋아하는 선생님 (my favorite teacher)

답변

❶ 인사   **Hi, Eva.**
❷ 목적   **I'd like to ask you some questions about** your favorite teacher.
❸ 질문 1   **First,** who is your favorite teacher?
❹ 질문 2   **And,** what kind of person is she or he?
❺ 질문 3   **I'd also like to know** why you like that teacher.
❻ 마무리   **Thank you for your answers.**

에바 씨 안녕하세요. 에바 씨가 가장 좋아하는 선생님에 대해 몇 가지 질문하고 싶어요. 먼저, 가장 좋아하는 선생님이 누구인가요? 그리고 그 선생님은 어떤 사람인가요? 또한 왜 그 선생님을 좋아하는지 알고 싶어요. 대답해 주셔서 감사합니다.

Q₄

[전형적인 휴가] **I also like to stay at home during my vacations. Please ask me three or four questions about my typical vacations at home.**

저 또한 휴가 때 집에 있는 것을 좋아합니다. 집에서의 제 전형적인 휴가에 대해 서너 가지 질문해보세요.

활동 패턴에 대해 질문하기 → 에바의 전형적인 휴가 (typical vacations at home)

답변

❶ 인사   **Hi, Eva.**
❷ 목적   **I'd like to ask you some questions about** your vacations.
❸ 질문 1   **First,** how long do you usually stay at home?
❹ 질문 2   **And,** what do you usually do at home?
❺ 질문 3   **I'd also like to know** why you like to spend your vacations at home.
❻ 마무리   **Thank you for your answers.**

에바 씨 안녕하세요. 에바 씨의 휴가에 대해 몇 가지 질문하고 싶어요. 먼저 보통 얼마나 집에서 머무나요? 그리고 주로 집에서 무엇을 하나요? 또한 왜 휴가를 집에서 보내길 좋아하는지 알고 싶어요. 대답해 주셔서 감사합니다.

Q5 [좋아하는 음악 장르] **I also like to listen to music. Ask me three or four questions about my favorite kind of music.**

저 또한 음악 듣는 것을 좋아합니다. 제가 제일 좋아하는 음악 장르에 대해 서너 가지 질문해보세요.

특정 장르에 대해 질문하기 → 에바가 가장 좋아하는 음악 장르 (my favorite kind of music)

답변

① 인사   **Hi, Eva.**
② 목적   **I'd like to ask you some questions about** your favorite kind of music.
③ 질문 1   **First,** what kind of music do you like the most?
④ 질문 2   **And,** how often do you listen to that type of music?
⑤ 질문 3   **I'd also like to know** why you like that type of music.
⑥ 마무리   **Thank you for your answers.**

에바 씨 안녕하세요. 에바 씨가 가장 좋아하는 음악 장르에 대해 몇 가지 질문하고 싶어요. 먼저, 어떤 종류의 음악을 가장 좋아하나요? 그리고, 얼마나 자주 그 음악을 듣나요? 또한 왜 그 음악 장르를 좋아하는지 알고 싶어요. 대답해주셔서 감사합니다.

Q6 [지난 여행] **I took a trip recently. Ask me three or four questions about the trip I took.**

저는 최근에 여행을 했습니다. 제가 한 여행에 대해 서너 가지 질문해보세요.

활동 패턴에 대해 질문하기 → 에바가 했던 여행 (the trip I took)

답변

① 인사   **Hi, Eva.**
② 목적   **I'd like to ask you some questions about** your trip.
③ 질문 1   **First,** when did you take that trip?
④ 질문 2   **And,** who did you travel with?
⑤ 질문 3   **I'd also like to know** what you did during the trip
⑥ 마무리   **Thank you for your answers.**

에바 씨 안녕하세요. 에바 씨의 여행에 대해 몇 가지 질문하고 싶어요. 먼저 언제 그 여행을 했나요? 그리고 누구와 여행을 했나요? 또한 여행하는 동안에 무엇을 했는지 알고 싶어요. 대답해 주서서 감사합니다.

Unit 02 / 학교

→ 주제별 유형 포인트 제3자에게 질문하기

학교와 관련된 질문하기 유형은 보통 수업, 과제, 선생님, 교실 등에 대해 정보를 묻는 문제가 출제되는 경향이 있습니다. 특히, 수업이나 과제 등에 대한 질문하기 유형은 '문제 해결하기' 역할 문제와 자주 출제 되므로 이에 대한 질문을 미리 만들어 연습하고, 상황에 맞게 적절히 질문할 수 있도록 연습하세요.

→ STEP 1 문제 파악하기

Q₁ [수업 참여에 대한 질문] **I'd like to give you a situation and ask you to act it out. You want to take a certain class. Call the professor and ask three or four questions about the class.**

상황을 하나 줄 테니 역할극을 해보세요. 당신은 특정 수업을 듣기를 원합니다. 교수님께 전화를 걸어 그 수업에 대한 질문을 서너 가지 해보세요.

→ STEP 2 답변 포인트 학습 - 수업에 대한 정보 질문

❶ 수업 내용 물어보기   **What is the class about?**
❷ 과제에 대해 물어보기   **What types of assignments do you give?**
❸ 수업 시간 물어보기   **When is the class?**

→ STEP 3 답변 연습   유형 패턴 14 적용 (p.58)   MP3 08-07

❶ 인사   **Hello, this is** Goun Lee.
❷ 전화 목적 **I'm calling about** your class.
❸ 질문 1   **First,** what is the class about?
❹ 질문 2   **And,** what types of assignments do you give?
❺ 질문 3   **I'd also like to know** when the class is.
❻ 마무리   **Thank you for your answers. Bye.**

여보세요. 이고운이라고 합니다. 교수님의 수업을 듣고 싶어서 전화를 드렸어요. 먼저, 그 수업은 무엇에 대한 것인가요? 그리고 어떤 종류의 과제를 주시나요? 또한 수업이 언제인지 알고 싶습니다. 대답해 주셔서 감사합니다. 안녕히 계세요.

수업이나 과제와 관련된 문제 해결 역할 문제에는 보통 그 수업에 참여하지 못하거나, 과제를 제출하지 못하는 상황에 대한 해결 과제가 주어지므로, 이에 대한 해결 방법 및 대안을 미리 생각해보고 적용하여 답변할 수 있도록 연습하세요.

→ STEP 1 문제 파악하기

[수업 결석 상황에 대한 문제 해결] **I'm sorry, but there's a problem that you need to resolve. You cannot attend an important class tomorrow. Call your professor and discuss what you can do.**

유감스럽지만 해결해야 할 문제가 생겼습니다. 당신은 내일 중요한 수업에 참석하지 못하게 되었습니다. 교수님께 전화를 걸어 어떻게 할지 의논해보세요.

→STEP 2 답변 포인트 학습 - 상황 해결 대안

❶ 수업 내용 정보 받기 **tell me about the lesson in advance**
❷ 이메일로 수업 자료 요청하기 **get the class materials by email**

→STEP 3 답변 연습 유형 패턴 15 적용 (p.60) MP3 08-08

❶ 인사 **Hello, this is** Goun Lee.
❷ 전화 목적 **I'm calling about** class tomorrow.
❸ 상황 설명 **I'm sorry, but** I cannot attend class.
❹ 대안 1 **So, I wonder if** you could tell me about the lesson in advance.
❺ 대안 2 **Or, could** I get the class materials by email?
❻ 마무리 **Please tell me what you think.**

안녕하세요. 이고운이라고 합니다. 내일 수업 때문에 전화드렸어요. 죄송하지만 내일 수업에 참여를 할 수 없을 것 같아요. 그래서 미리 수업 내용을 알 수 있는지 궁금합니다. 아니면 이메일로 수업 자료를 받을 수 있을까요? 어떻게 생각하시는지 알려주세요.

Unit 03 / 공원/해변/캠핑/걷기/조깅/ 자전거/배드민턴 같이 가기

⊙ 주제별 유형 포인트 제3자에게 질문하기

OPIc Background Survey의 선택 항목 중 '공원, 해변, 캠핑, 걷기, 조깅, 자전거, 배드민턴'은 야외활동에 속하는 주제이므로, 롤플레이 문제에서 친구와 그 활동을 같이 하기 위해 친구에게 질문을 몇 가지 하는 유형이 자주 등장합니다. 따라서 이들 주제에 맞게 공통적으로 질문할 수 있는 질문거리를 미리 생각해보고 연습하세요.

⊙ STEP 1 문제 파악하기

Q1 [공원가기에 대한 질문] **I'd like to give you a situation and ask you to act it out. You want to go to a park with your friend. Call your friend and ask him three or four questions to make a plan to go to the park.**

상황을 하나 줄 테니 역할극을 해보세요. 당신은 친구와 함께 공원에 가고 싶어 합니다. 친구에게 전화를 걸어 공원에 가는 약속을 잡기 위한 질문을 서너 가지 해보세요.

⊙ STEP 2 답변 포인트 학습 - 같이 가기 약속 질문

❶ 장소 선택에 대해 물어보기 **Which [장소] do you want to go to?**
❷ 가져 갈 것에 대해 물어보기 **What shall we bring?**
❸ 약속 시간에 대해 물어보기 **When will we meet?**

⊙ STEP 3 답변 연습 유형 패턴 14 적용 (p.58) (MP3 08-09)

❶ 인사　　**Hello, this is** Goya.
❷ 전화 목적　**I'm calling about** our plan to go to the park.
❸ 질문 1　**First,** which park do you want to go to?
❹ 질문 2　**And,** what shall we bring?
❺ 질문 3　**I'd also like to know** when we will meet.
❻ 마무리　**Thank you for your answers. Bye!**

여보세요. 나 고야야. 우리 공원에 가는 것 때문에 전화했어. 먼저, 어느 공원에 가고 싶니? 그리고 우리 뭘 가져 갈까? 언제 만날 수 있는지 알고 싶어. 대답해줘서 고마워. 안녕!

➔ 주제별 유형 포인트 [상황설명/문제해결]

앞에서 다룬 약속 잡는 질문 유형에 이어 출제되는 '문제 해결하기' 롤플레이 문제에서는 보통 '공원, 해변, 캠핑, 조깅, 걷기, 자전거, 배드민턴' 과 관련된 약속을 이행할 수 없는 상황이 주어지고, 이에 대한 해결책을 제시하라는 과제가 주어지는 것이 일반적입니다. 따라서 이러한 상황을 해결할 수 있는 대안을 공통적으로 생각해보면 효율적인 답변을 준비할 수 있습니다.

➔ STEP 1 문제 파악하기

[약속 취소 상황에 대한 문제 해결] **I'm sorry, but there's a problem that you need to resolve. You planned to go to a park with your friend, but you can't go to the park because it is raining heavily. Call your friend, explain the situation and offer two or three alternatives.**

유감스럽지만 해결해야 할 문제가 생겼습니다. 당신은 친구와 공원에 가기로 했지만, 비가 많이 와서 공원에 갈 수 없게 되었습니다. 친구에게 전화를 걸어 상황을 설명하고, 두세 가지 대안을 제시해보세요.

➔ STEP 2 답변 포인트 학습 – 상황 해결 대안

❶ 날짜 변경하기 **change the date to [동사원형]**
❷ 대신 영화 보러 가기 **go to the movies instead**

➔ STEP 3 답변 연습 유형 패턴 15 적용 (p.60) (MP3 08-10)

❶ 인사 **Hello, this is** Goya.
❷ 전화 목적 **I'm calling about** our plan to go to the park.
❸ 상황 설명 **I'm sorry, but** I think we can't go there because it is raining heavily.
❹ 대안 1 **So, I wonder if** we could change the date to go to the park.
❺ 대안 2 **Or, could** we go to the movie instead?
❻ 마무리 **Please tell me what you think.**

여보세요, 나 고야야. 공원에 가는 우리 계획 때문에 전화했어. 유감스럽지만 지금 비가 많이 와서 공원에 갈 수 있을 것 같지 않아. 그래서 공원에 가는 날짜를 바꾸는 게 어떤가 싶어. 아니면, 대신 영화 보러 갈까? 어떻게 생각하는지 알려줘.

Unit 04 / 영화/공연/콘서트 티켓 예약하기

→ 주제별 유형 포인트 [제3자에게 질문하기]

OPIc Background Survey의 선택 항목 중 '영화, 공연, 콘서트 보러 가기'는 티켓을 구입하고 특정 장소에 가서 관람하는 활동에 속하는 주제이므로, 티켓 예매와 관련된 롤플레이 문제가 자주 출제 됩니다. 따라서, 티켓 예매와 관련하여 공통적으로 질문할 수 있는 질문거리를 미리 생각해보고 연습하세요.

→ STEP 1 문제 파악하기

Q1

[영화 티켓 예매에 대한 질문] **I'd like to give you a situation and ask you to act it out. You want to watch a movie with your friend. Call the movie theater and ask three or four questions to book the movie tickets.**

상황을 하나 줄 테니 역할극을 해보세요. 당신은 친구와 함께 영화를 보고 싶습니다. 영화관에 전화를 걸어 영화 티켓을 예매하기 위한 질문을 서너 가지 해보세요.

→ STEP 2 답변 포인트 학습 - 티켓 예매에 대한 질문

❶ 시간 선택에 대해 물어보기 **What times are available for [영화/공연/콘서트 이름]?**

❷ 티켓 여부에 대해 물어보기 **Do you have any available tickets for the movie/ performance/concert?**

❸ 지불 방법에 대해 물어보기 **Can I pay by credit card?**

→ STEP 3 답변 연습 [유형 패턴 14 적용 (p.58)] (MP3 08-11)

❶ 인사   **Hello,**
❷ 전화 목적   **I'm calling about** booking two movie tickets.
❸ 질문 1   **First,** what times are available for *Iron Man 3*?
❹ 질문 2   **And,** do you have any available tickets for that movie?
❺ 질문 3   **I'd also like to know** if I can pay by credit card.
❻ 마무리   **Thank you for your answers. Bye!**

여보세요, 영화 티켓을 두 장 예매하고 싶어서 전화 드렸는데요, 먼저 '아이언맨 3' 영화는 몇 시에 있나요? 그러면, 그 영화 예매 가능한 티켓이 있나요? 또 신용카드로 지불해도 되는지 알고 싶어요. 대답해주셔서 감사합니다. 안녕히 계세요!

앞의 '질문하기' 유형에서 예매와 관련된 질문하는 문제가 나왔다면, '문제 해결' 유형에서는 특정 상황 때문에 예매한 것이 잘못되거나 티켓이 다 팔려 계획한 영화/공연/콘서트를 보지 못하게 되는 상황이 주어지는 것이 일반적입니다. 따라서 이러한 상황들에 대해 해결할 수 있는 대안을 공통적으로 생각해보면 효율적으로 답변을 준비할 수 있습니다.

⊙ **STEP 1 문제 파악하기**

Q2

[예매가 잘못 된 것에 대한 문제 해결] **I'm sorry, but there's a problem that you need to resolve. You booked two movie tickets, but you've just found out that you booked the wrong tickets. Call the movie theater, explain the situation and discuss what you can do.**

유감스럽지만 해결해야 할 문제가 생겼습니다. 당신은 두 장의 영화 티켓을 예매했는데, 방금 잘못된 티켓을 예매했다는 것을 깨달았습니다. 영화관에 전화를 걸어 상황을 설명하고 어떻게 할지 의논해보세요.

⊙ **STEP 2 답변 포인트 학습 – 상황 해결 대안**

❶ 날짜를 변경하기 **change the tickets to another time**
❷ 환불 요청하기 **refund the tickets**

⊙ **STEP 3 답변 연습** 유형 패턴 15 적용 (p.60) 🔊 **MP3** 08-12

❶ 인사   **Hello,**
❷ 전화 목적 **I'm calling about** the tickets I booked.
❸ 상황 설명 **I'm sorry, but** I think I booked for the wrong time.
❹ 대안 1   **So, I wonder if** I could change the tickets to another time.
❺ 대안 2   **Or, could** you refund these tickets?

여보세요, 제가 예매한 티켓 때문에 전화 드렸는데요. 죄송하지만 제가 시간을 잘못 예약한 것 같습니다. 그래서 표를 다른 시간으로 바꿀 수 있는지 궁금해요. 아니면 이 티켓들을 환불해주실 수 있나요?

Unit 05 / 파티/저녁 식사 준비

➔ 주제별 유형 포인트 [제3자에게 질문하기]

OPIc Background Survey에서 '요리'를 선택할 경우, 또는 가끔 돌발적으로 '파티'나 '저녁 식사 준비'와 관련하여 도움을 주기 위해 필요한 정보를 묻는 유형이 종종 출제됩니다. 따라서, 파티나 저녁 식사 준비에 대한 공통적으로 질문할 수 있는 질문거리를 미리 생각해보고 연습하세요.

➔ STEP 1 문제 파악하기

Q1

[파티 준비에 대한 질문] I'd like to give you a situation and ask you to act it out. You are going to help your friend prepare for a party. Call your friend and ask three or four questions about the party.

상황을 하나 줄 테니 역할극을 해보세요. 당신은 친구가 파티 준비하는 것을 도와줄 예정입니다. 친구에게 전화를 걸어 파티에 대해 질문을 서너 가지 해보세요.

➔ STEP 2 답변 포인트 학습 – 파티/식사에 대한 질문

❶ 장소에 대해 물어보기　**Where will you have the party/dinner?**
❷ 손님 수에 대해 물어보기　**How many people will come to the party/dinner?**
❸ 음식에 대해 물어보기　**What kinds of food will you serve?**

➔ STEP 3 답변 연습 [유형 패턴 14 적용 (p.58)] [MP3 08-13]

❶ 인사　　　　**Hello, this is** Dongmi.
❷ 전화 목적　**I'm calling about** the party we are preparing for.
❸ 질문 1　　　**First,** where will you have the party?
❹ 질문 2　　　**And,** how many people will come to the party?
❺ 질문 3　　　**I'd also like to know** what kinds of food you will serve.
❻ 마무리　　　**Thank you for your answers.**

여보세요, 나 동미야. 우리가 준비하는 파티 때문에 전화했어. 먼저, 어디에서 파티를 하니? 그리고 파티에 몇 명이 오니? 또 어떤 음식을 제공할 건지 알고 싶어. 대답해줘서 고마워.

앞의 '질문하기' 유형에서 파티나 저녁 식사 준비를 돕기 위한 정보를 요구하는 문제가 나왔다면, '문제 해결' 유형에서는 어떠한 사정 때문에 그 파티나 저녁 식사를 도와주지 못하게 되는 상황이 주어지는 것이 일반적입니다. 따라서 이러한 상황들에 대해 해결할 수 있는 대안을 공통적으로 생각해보면 효율적으로 답변을 준비할 수 있습니다.

→ **STEP 1 문제 파악하기**

Q₂ [파티 준비를 도와주지 못하는 상황 문제 해결] **I'm sorry, but there's a problem that you need to resolve. You can't help your friend prepare for the party because you are sick. Call your friend, explain the situation and offer two or three options to resolve the problem.**

유감스럽지만 해결해야 할 문제가 생겼습니다. 당신은 아파서 친구가 파티 준비하는 것을 도와주지 못하게 되었습니다. 친구에게 전화를 걸어 상황을 설명하고 문제를 해결하기 위한 대안을 두세 가지 제시해보세요.

→ **STEP 2 답변 포인트 학습 –** 상황 해결 대안

❶ 날짜를 변경하기 **change the date for the party/dinner**
❷ 다른 사람에게 도움 요청하기 **ask my friend to help you**

→ **STEP 3 답변 연습** 유형 패턴 15 적용 (p.60) MP3 08-14

❶ 인사 **Hello, this is** Dongmi.
❷ 전화 목적 **I'm calling about** your party.
❸ 상황 설명 **I'm sorry, but** I can't help you prepare for the party because I'm sick now.
❹ 대안 1 **So, I wonder if** you could change the date for the party.
❺ 대안 2 **Or, could** I ask my friend to help you instead of me?
❻ 마무리 **Please tell me what you think.**

여보세요. 나 동미야. 네 파티 때문에 전화했어. 미안한데, 내가 지금 아파서 파티 준비하는 걸 못 도와줄 것 같아. 그래서 혹시 파티 날짜를 바꿀 수 있는지 궁금해. 아니면 나 대신에 내 친구한테 널 도와주라고 물어봐도 될까? 어떻게 생각하는지 알려줘.

Unit 06 / 쇼핑

→ 주제별 유형 포인트 제3자에게 질문하기

'쇼핑'은 OPIc에서 자주 출제되는 롤플레이 돌발 주제 중 하나입니다. '제3자에게 질문하기' 유형에서는 문제 속에서 특정 물건 (a t-shirt, a laptop computer, a cell phone, shoes 등)을 구입해야 하는 상황이 주어지고, 그와 관련해 그 물건에 대해 정보를 묻는 과제가 주어집니다. 따라서, 물건 구입에 대해 공통적으로 질문할 수 있는 질문거리를 미리 생각해보고 연습하세요.

→ STEP 1 문제 파악하기

Q1 [구입할 물건에 대한 질문] **I'd like to give you a situation and ask you to act it out. You want to buy a new t-shirt. Call the clothing store and ask three or four questions about a t-shirt.**

상황을 하나 줄 테니 역할극을 해보세요. 당신은 새로운 티셔츠를 하나 사고 싶습니다. 옷가게에 전화를 걸어 티셔츠에 대해 서너 가지 질문을 해보세요.

→ STEP 2 답변 포인트 학습 - 상품에 대한 질문

❶ 종류에 대한 질문　　**What kinds of [상품] do you have?**
❷ 색깔에 대해 물어보기　**What colors do you have?**
❸ 할인에 대해 물어보기　**Do you offer any discount on them?**

→ STEP 3 답변 연습 　유형 패턴 14 적용 (p.58)　 MP3 08-15

❶ 인사　　　**Hello,**
❷ 전화 목적　**I'm calling about** buying some t-shirts from you.
❸ 질문 1　　**First,** what kinds of t-shirts do you have?
❹ 질문 2　　**And,** what colors do you have?
❺ 질문 3　　**I'd also like to know** if you offer any discount on them.
❻ 마무리　　**Thank you for your answers.**

여보세요. 그곳에서 티셔츠를 사고 싶어 전화 드렸는데요. 먼저, 어떤 종류의 티셔츠가 있나요? 그리고 어떤 색깔들이 있나요? 그 티셔츠들 할인이 되는지 알고 싶어요. 대답해주셔서 감사합니다.

→ 주제별 유형 포인트 [상황설명/문제해결]

앞의 '질문하기' 유형에서 물건 구입과 관련해 정보를 요구하는 문제가 나왔다면, '문제 해결' 유형에서는 구입한 물건에 문제가 생겨 이러한 상황을 해결하는 과제가 주어집니다. 따라서 잘못된 물건 구입 상황들에 대해 해결할 수 있는 대안을 공통적으로 생각해보면 효율적으로 답변을 준비할 수 있습니다.

→ STEP 1 문제 파악하기

Q₂ [구입한 물건에 문제가 있는 상황 해결] **I'm sorry, but there's a problem that you need to resolve. You bought a t-shirt, but you just found out that the size is wrong. Call the store, explain the situation and resolve the problem.**

유감스럽지만 해결해야 할 문제가 생겼습니다. 당신은 티셔츠를 하나 구입했는데 사이즈가 잘못되었다는 것을 발견했습니다. 매장에 전화를 걸어 상황을 설명하고 문제를 해결해보세요.

→ STEP 2 답변 포인트 학습 – 상황 해결 대안

❶ 다른 상품으로 교환하기 **change it for another one**
❷ 환불 요청하기 **refund the [물건]**

→ STEP 3 답변 연습 유형 패턴 15 적용 (p.60) **MP3 08-16**

❶ 인사 **Hello,**
❷ 전화 목적 **I'm calling about** a t-shirt I bought from your store.
❸ 상황 설명 **I'm sorry, but** I just found out that the size of the t-shirt is wrong. It is too big for me.
❹ 대안 1 **So, I wonder if** I could change it for another one.
❺ 대안 2 **Or, could** you refund the t-shirt?
❻ 마무리 **Please tell me what you think.**

여보세요, 그곳에서 구입한 티셔츠 때문에 전화 드렸어요. 죄송하지만 구입한 티셔츠 사이즈가 잘못됐다는 것을 알았어요. 저한테는 너무 크네요. 그래서 혹시 다른 상품으로 바꿀 수 있는지 궁금해요. 아니면, 티셔츠를 환불해 주시겠어요? 어떻게 생각하는지 알려주세요.

돌발 주제 공략

OPIc의 12~15개 문제에는 OPIc Background Survey에서
선택한 주제 이외에 3~6개의 돌발 주제 문제가 출제되기도 합니다.
돌발 주제는 특정 개인 취향에 맞춰진 문제가 아니라, 상식적인 문제가 출제되는 것이 일반적이므로,
이러한 주제들에 잘 대답하면 더 높은 점수를 얻을 수 있습니다.
돌발 주제 문제는 보통 2~3 문제가 엮여 주제에 대한 전반적인 설명이나 묘사를 묻는 문제,
세부적인 설명을 묻는 문제, 그리고 특정 경험이나 변화를 묻는 문제로 구성되어 출제됩니다.
이 또한 Chapter 1에서 다룬 유형 패턴들에서 크게 벗어나지 않기 때문에
유형 패턴들을 적용하여 답변을 준비한다면,
익숙하지 않은 주제에 대해서도 쉽게 효율적으로 답변을 준비할 수 있습니다.

Chapter 9에서는 수많은 돌발 주제 중 가장 출제 빈도가 높은 주제들로 구성하였으므로,
각 주제에 대해 유형 패턴을 적용하여 이야기할 수 있도록 연습해보세요.

Chapter 9 학습 방법

단계 1 돌발 주제별 문제 출제 유형을 살펴본다.

단계 2 주제별 제시된 대표 문제들의 유형을 파악한다.

단계 3 Chapter 1의 패턴 유형들을 참고하여 각 주제별 문제들의 답변을 학습한다.

Unit 01 / 외식

⊙ 문제 출제 유형

외식은 외식 패턴이나 경험을 바탕으로 자주 가는 음식점, 외식 빈도, 경험 등과 관련하여 다양하게 출제될 수 있습니다. 아래 문제 유형을 살펴보고, Chapter 1의 유형 패턴 문장들을 적용하여 외식 관련 문제들에 대한 답변을 연습해보세요.

▶ 가장 자주 가는 음식점 묘사
▶ 언제, 얼마나 자주, 누구와 외식을 하는지
▶ 가장 좋아하는 음식/한국의 전형적인 음식 묘사
▶ 가장 최근에 음식점에 간 경험
▶ 음식점에서 겪은 기억에 남는 일

MP3 09-01

Q₁ [자주 가는 음식점] **I'd like to know about the restaurant you often go to. Where is it? Why do you often go there?**

당신이 자주 가는 음식점에 대해 알고 싶어요. 그곳은 어디에 있나요? 왜 그곳에 자주 가나요?

 답변 유형 패턴 3 적용 (p.36)

❶ 장소 소개 **I often go to** a Korean restaurant called Woorijip.
❷ 위치 **It is located in** my neighborhood.
❸ 특징 **This place is very popular with** families.
❹ 가게 된 이유 **There are a few reasons I often go there.**
❺ 이유 1 **First, it is very close to my house.**
❻ 이유 2 **Also, it has better facilities than** other restaurants.
❼ 마무리 **Overall, it is a good place to** have a good time with my family.

저는 '우리집'이라고 불리는 한국 음식점에 자주 갑니다. 그 음식점은 우리 동네에 있습니다. 그곳은 가족들에게 인기 있는 장소입니다. 제가 그곳에 가는 이유는 몇 가지가 있습니다. 먼저, 그곳은 우리 집에서 아주 가깝습니다. 또한 그곳은 다른 음식점들보다 더 좋은 시설들을 갖추고 있습니다. 전반적으로 그 음식점은 가족과 좋은 시간을 갖기에 좋은 장소입니다.

어휘 **Korean** 한국의　**a restaurant** 음식점　**a facility** 시설

Q2 [최근에 외식한 경험] **When was the last time you ate out? Where did you go, and who did you go with? What did you eat there?**

마지막으로 외식했던 때는 언제였나요? 어디에 갔고, 누구와 갔나요? 그곳에서 무엇을 먹었나요?

 답변 (유형 패턴 8 적용 (p.46))

❶ 경험 시기/사람   Last week, **I ate out with** my friend.

❷ 장소 묘사   **We went to** a steakhouse, **and it was very crowded.**

❸ 한 일 1   **As soon as we arrived, we** ordered beef steak and salad.

❹ 상황 묘사   The food **was awesome!**

❺ 한 일 2   **While having the meal, we** talked about our school lives.

❻ 마무리   **It was such a** great **day.**

지난주에 저는 친구와 외식을 했습니다. 우리는 스테이크 음식점에 갔는데, 그 음식점은 많은 사람들로 붐볐습니다. 우리는 도착하자마자, 소고기 스테이크와 샐러드를 시켰습니다. 그 음식들은 기가 막히게 좋았습니다! 식사를 하면서, 우리는 학교 생활에 대해 이야기를 했습니다. 정말 좋은 하루였습니다.

어휘   **eat out** 외식하다   **a steakhouse** 스테이크 음식점   **order** 주문하다   **steak** 스테이크   **salad** 샐러드

 Q3 [한국의 전형적인 음식점과 음식 묘사] **What are typical restaurants like in your country? What are some typical dishes people like to eat?**

당신이 살고 있는 나라의 전형적인 음식점들은 어떤가요? 사람들이 좋아하는 전형적인 음식들은 무엇인가요?

답변

❶ 전형적인 음식점   In Korea, many people like to go to Korean food restaurants.

❷ 제공 요리   They serve main dishes with many side dishes.

❸ 구체적 설명   The main dishes at these restaurants are mostly rice and soup.

❹ 전형적인 음식   Typical dishes in Korea are made with kimchi.

❺ 구체적 설명   People use kimchi for soup, rice, steamed or fried dishes.

한국에서는 많은 사람들이 한국 음식점에 가는 것을 좋아합니다. 이 음식점들은 주요리와 많은 반찬들을 제공합니다. 이 음식점들의 주요리는 대부분 밥이나 국입니다. 한국의 전형적인 음식은 김치로 만들어졌습니다. 사람들은 찌개, 밥, 찜 요리나 볶음 요리에 김치를 사용합니다.

 어휘   **typical** 전형적인   **serve** 제공하다   **main** 주된   **mostly** 대부분   **steam** 찐   **fried** 볶은

Unit 02 / 인터넷

MP3 09-04

→ **문제 출제 유형**

인터넷 이용 관련 문제는 일반적인 인터넷 이용 이외에, 인터넷 쇼핑이나 자신이 했던 학교 프로젝트와 관련하여 가끔 출제될 수 있습니다. 아래 문제 유형을 살펴보고, Chapter 1의 유형 패턴 문장들을 적용하여 인터넷 관련 문제들에 대한 답변을 연습해보세요.

- ▶ 자주 방문하는 웹사이트
- ▶ 언제, 얼마나 자주 인터넷을 하는지
- ▶ 처음 인터넷을 하게 된 계기
- ▶ 인터넷을 이용하여 쇼핑/프로젝트를 한 경험
- ▶ 인터넷을 이용하여 쇼핑/프로젝트를 하는 중 겪은 어려움

Q1 [자주 방문하는 웹사이트] **Can you tell me about your favorite website you like to visit? Why do you often use that website?**
방문하기 가장 좋아하는 웹사이트에 대해 이야기해줄 수 있나요? 왜 그 웹사이트를 자주 이용하나요?

답변 (유형 패턴 3 적용 (p.36))

❶ 사이트 소개	**I often visit** *Naver*.
❷ 종류	**It is** a kind of portal site.
❸ 이용하는 이유	**There are a few reasons I often** use this website.
❹ 이유 1	**First,** it is easy to check emails or read news there.
❺ 이유 2	**Also, it** has a better search engine **than** other websites.
❻ 구체적 설명	I can get most of the information I need at that website.

저는 네이버에 자주 방문합니다. 그 웹사이트는 하나의 포털 사이트입니다. 제가 사이트를 자주 이용하는 이유는 몇 가지가 있습니다. 먼저, 그 사이트에서 이메일을 체크하거나 뉴스를 읽기가 쉽습니다. 또한 그 사이트는 다른 사이트들보다 더 좋은 검색 엔진을 가지고 있습니다. 그 웹사이에트에서는 제가 필요한 대부분의 정보를 얻을 수 있습니다.

어휘 **a website** 웹사이트   **a portal site** 포털 사이트   **check** 확인하다   **a search engine** 검색 엔진

[인터넷을 처음 배운 경험] When did you first learn how to use the Internet? Who taught you how to use it? How much time do you use the Internet now? 언제 처음으로 인터넷 사용하는 것을 배웠나요? 누가 인터넷 사용하는 것을 가르쳐 주었나요? 지금은 얼마나 많이 인터넷을 사용하나요?

 답변 유형 패턴 9 적용 (p.48)

❶ 처음 배운 시기   **I first** learned to use the Internet **when** I was in elementary school.
❷ 그 전의 상황   **Until that time, I didn't know much about** using the Internet.
❸ 가르쳐준 사람   **One day,** my father **taught me how to** visit some websites.
❹ 활동 후의 변화   **While I was** surfing the Internet, **I** had a lot of fun.
❺ 마무리   **Now, I** surf the Internet **for at least** two hours a day.

저는 초등학교 때 처음으로 인터넷 사용하는 법을 배웠습니다. 그때까지만 해도, 저는 인터넷을 사용하는 것에 대해 잘 몰랐습니다. 어느 날, 아버지께서 몇 개의 웹사이트 방문하는 법을 가르쳐 주었습니다. 인터넷을 하는 동안 저는 많은 재미를 느꼈습니다. 지금은 적어도 하루에 두 시간씩은 인터넷을 합니다.

어휘 | surf the Internet 인터넷을 하다   an elementary school 초등학교   have fun 재미를 느끼다

[인터넷 이용 중 겪은 어려움] Have you ever experienced difficulty because of the Internet while you were doing a project? How did you resolve the problem? 프로젝트를 하는 중에 인터넷 때문에 어려움을 겪은 경험이 있나요? 그 문제를 어떻게 해결했나요?

답변 유형 패턴 11 적용 (p.52)

❶ 경험 시기   Last semester, **I had difficulty because of the Internet.**
❷ 배경 설명   **I was** searching for Information on the Internet for my project.
❸ 문제 이전의 상황   **At first, everything seemed fine.**
❹ 문제점 묘사   **However,** the Internet was suddenly disconnected.
❺ 해결   **So, I asked my friend for help.**
❻ 결과   **Luckily,** he found the Internet problem and solved it.

지난 학기에 저는 인터넷 때문에 어려움을 겪었습니다. 그때 당시 저는 프로젝트를 위해 인터넷에서 자료를 찾고 있었습니다. 처음에는 모든 것이 잘 되는 듯 했습니다. 하지만 갑자기 인터넷이 연결되지 않았습니다. 그래서 저는 친구에게 도움을 요청했습니다. 다행히 그는 인터넷의 문제점을 찾아냈고 그것을 해결해 주었습니다.

 어휘 | because of ~때문에   on the Internet 인터넷에서   be disconnected 연결이 끊기다
ask for help 도움을 요청하다

Unit 03 / 쇼핑

➔ 문제 출제 유형

쇼핑은 OPIc에서 자주 출제되는 돌발 주제 중 하나입니다. 옷, 가구 쇼핑 등 다양한 물건 쇼핑과 관련하여 문제가 출제될 수 있습니다. 아래 문제 유형을 살펴보고, Chapter 1의 유형 패턴 문장들을 적용하여 쇼핑 관련 문제들에 대한 답변을 연습해보세요.

- ▶ 쇼핑하러 자주 가는 장소
- ▶ 언제, 얼마나 자주, 주로 무엇을 쇼핑하는지
- ▶ 최근에 쇼핑을 한 경험
- ▶ 구입한 물건에 문제가 있었던 경험
- ▶ 자주 사는 물건 및 쇼핑 시 고려할 점

MP3 09-07

 Q₁ [쇼핑하러 자주 가는 장소] **Where do you usually go shopping? Why do you like to go there, and what do you usually buy there?**
주로 어디로 쇼핑을 하러 가나요? 왜 그곳에 자주 가고, 그곳에 가면 주로 무엇을 사나요?

답변 유형 패턴 3 적용 (p.36)

❶ 장소 소개   **I often go to** Lotte Department Store for shopping.
❷ 위치   **It is located in** the middle of Seoul.
❸ 이용하는 이유   **There are a few reasons I often visit there.**
❹ 이유 1   **First,** it has almost every type of item.
❺ 주로 사는 물건   **I usually buy** clothes or shoes there.
❻ 이유 2   **Also, it has better facilities than** shopping malls.

저는 쇼핑을 하러 롯데백화점에 자주 갑니다. 그곳은 서울의 중심에 위치해 있습니다. 제가 그곳에 자주 가는 이유는 몇 가지가 있습니다. 먼저, 그곳에는 거의 모든 종류의 물건들이 있습니다. 저는 그곳에서 주로 옷이나 신발들을 삽니다. 또한 그곳은 다른 쇼핑몰들보다 더 좋은 시설들을 가지고 있습니다.

어휘	
a department store 백화점 **in the middle of** ~의 가운데에 **an item** 물건	
clothes 옷 **shoes** 신발	

[최근에 쇼핑을 한 경험] Can you tell me about the time you went shopping recently? Where did you go, and who did you go shopping with? What did you buy? 최근에 쇼핑을 한 때에 대해 이야기해줄 수 있나요? 어디에 갔고, 누구와 쇼핑을 했나요? 그리고 무엇을 샀나요?

답변 유형 패턴 8 적용 (p.46)

❶ 경험 시기/사람　Last week, **I went shopping with** my friend.
❷ 장소 묘사　**We went to** Dongdaemoon Market, **and it was very crowded.**
❸ 한 일 1　**As soon as we arrived, we** looked around the place.
❹ 상황 묘사　The products there **were awesome!**
❺ 한 일 2　**While we were there, we** bought some clothes and accessories.
❻ 마무리　**It was such a** fun **day.**

지난주에 저는 친구와 쇼핑을 갔습니다. 우리는 동대문 시장에 갔는데, 그곳은 많은 사람들로 붐볐습니다. 우리는 도착하자마자, 시장을 둘러보았습니다. 그곳의 물건들은 굉장히 좋았습니다! 그곳에 있는 동안, 우리는 옷 몇 벌과 액세서리를 샀습니다. 정말 재미있는 하루였습니다.

어휘 **go shopping** 쇼핑을 가다　**look around** 둘러보다　**a product** 물건　**an accessory** 액세서리

 [구입 한 물건에 문제가 있었던 경험] Have you ever had any problem with an item you bought? What was the problem? 구입한 물건에 문제가 있었던 적이 있었나요? 어떤 문제가 있었나요?

답변 유형 패턴 11 적용 (p.52)

❶ 경험 시기　Last year, **I had a problem with** a new sofa.
❷ 배경 설명　**I bought** a brown sofa from a furniture store.
❸ 문제 이전의 상황　**At first, everything seemed fine.**
❹ 문제점 묘사　**However,** it was torn when it was delivered.
❺ 해결　**So, I** asked the store to exchange it for a new one.
❻ 결과　**Luckily,** they delivered a new one quickly.

작년에 새로 산 소파에 문제가 있었습니다. 저는 가구점에서 갈색 소파를 하나 샀었습니다. 처음에는 모든 것이 괜찮아 보였습니다. 하지만 배달이 될 때 소파가 찢겨졌습니다. 그래서 저는 가구점에 새로운 것으로 바꿔줄 것을 요청했습니다. 다행히 그들은 새 상품을 빠르게 배달해 주었습니다.

어휘 **a sofa** 소파　**furniture** 가구　**be torn** 찢기다　**deliver** 배달하다　**quickly** 빨리

Unit 04 / 독서

문제 출제 유형

독서는 일반적인 취미 활동으로 알려져있기 때문에 OPIc에서 자주 출제되는 돌발 주제 중 하나입니다. 아래 문제 유형을 살펴보고, Chapter 1의 유형 패턴 문장들을 적용하여 독서 관련 문제들에 대한 답변을 연습해보세요.

▶ 언제, 얼마나 자주 책을 읽는지
▶ 좋아하는 책의 장르와 이유 설명
▶ 가장 좋아하는 책/가장 기억에 남는 책
▶ 좋아하는 작가 묘사
▶ 독서 취향의 변화

MP3 09-10

 Q1 [좋아하는 책의 장르 및 작가] **What kind of books do you like to read the most? Who is your favorite author?**

어떤 장르의 책 읽는 것을 가장 좋아하나요? 가장 좋아하는 작가는 누구인가요?

답변 (유형 패턴 5 적용 (p.40))

❶ 좋아하는 장르	**I like** fantasy novels **the most.**
❷ 이유	**Whenever I read** fantasy novels, **I relieve stress.**
❸ 좋아하는작가	**My favorite author is** J.K. Rolling.
❹ 이유 1	She wrote the famous series, *Harry Porter*.
❺ 이유 2	Her books **are always excellent.**
❻ 마무리	**I wish I could meet her someday.**

저는 판타지 소설을 가장 좋아합니다. 판타지 소설을 읽을 때마다 저는 스트레스가 풀립니다. 제가 제일 좋아하는 작가는 제이 케이 롤링입니다. 그녀는 유명한 시리즈 *해리포터*를 썼습니다. 그녀의 책들은 항상 훌륭합니다. 언젠가는 그녀를 만날 수 있었으면 좋겠습니다.

어휘 **a fantasy novel** 판타지 소설   **author** 작가   **wrote** (write의 과거형) 썼다   **a series** 연속물, 시리즈

[기억에 남는 책] What was the most memorable book you've ever read? Why was it memorable to you?

읽었던 책 중 가장 기억에 남는 책에 대해 이야기해 줄 수 있나요? 왜 그 책이 기억에 남나요?

답변

❶ 기억에 남는 책 **I remember** *Harry Porter* **the most.**
❷ 책의 장르 **It is a famous** fantasy novel.
❸ 책을 읽은 시기 **I read it about 10 years ago.**
❹ 책의 줄거리 **It is about** a little wizard who experiences various adventures.
❺ 기억에 남는 이유 **I remember this book because** the story was beyond my imagination.
❻ 마무리 **Eva, if you like** fantasy novels, **I recommend this book for you.**

저는 *해리포터*를 가장 많이 기억합니다. 해리포터는 유명한 판타지 소설입니다. 저는 그 책을 약 10년 전에 읽었습니다. 해리포터는 다양한 모험을 경험하는 어린 마법사의 이야기입니다. 제가 이 책을 기억하는 것은 책의 내용이 제 상상력을 뛰어 넘었기 때문입니다. 에바 씨도 판타지 소설을 좋아한다면 이 책을 추천하고 싶습니다.

어휘 a wizard 마법사   experience 경험하다   an adventure 모험   imagination 상상(력)

 [독서 취향의 변화] What kind of books did you like to read when you were a child? How has your taste in books changed since then?

어릴 때에는 어떤 장르의 책들을 읽은 것을 좋아했나요? 그때 이후로 독서 취향은 어떻게 바뀌어 왔나요?

답변 (유형 패턴 12 적용 (p.54))

❶ 도입 **There have been a few changes to** my taste in books.
❷ 변화 1 **When I was a child,** I liked to read biographies.
❸ 당시의 상황 My mother always bought me several biographies every year.
❹ 변화 2 **A few years later,** I became interested in classical novels.
❺ 현재의 상황 **Now,** I love to read fantasy or detective novels.

제 독서 취향에는 몇 가지의 변화가 있어왔습니다. 제가 어렸을 때는 위인전을 읽는 것을 좋아했습니다. 어머니께서 항상 매년마다 여러 권의 위인전을 사주셨습니다. 몇 년 후에 저는 고전소설에 관심을 갖게 되었습니다. 지금은 판타지나 추리소설 읽는 것을 좋아합니다.

어휘 taste 취향   a biography 위인전   several 여러 개의   a classical novel 고전소설
a detective novel 추리소설

Unit 05 / 날씨

날씨는 자주 출제되는 돌발 주제로, 최근의 날씨에 관한 문제에서부터 시간에 따른 날씨의 변화까지 다양하게 출제될 수 있습니다. 아래 문제 유형을 살펴보고, Chapter 1의 유형 패턴 문장들을 적용하여 날씨와 관련된 문제들에 대한 답변을 연습해보세요.

- ▶ 오늘/요즘 날씨 묘사 및 날씨에 대한 느낌
- ▶ 좋아하는 날씨 묘사
- ▶ 예전과 지금의 날씨 변화
- ▶ 날씨에 따른 사람들의 활동
- ▶ 날씨 때문에 겪은 기억에 남는 경험

MP3 09-13

Q₁ [오늘의 날씨 묘사] **What is the weather like today? How do you feel about the weather outside?**

오늘의 날씨는 어떤가요? 지금 바깥의 날씨에 대해 어떤 느낌이 드나요?

 답변

❶ 요즘 계절	**It is** spring **now.**
❷ 계절 날씨 묘사	**In** spring, **it is usually** warm and dry.
❸ 오늘의 날씨 묘사	**However, it is** raining outside and a bit cold **today.**
❹ 날씨에 대한 느낌	**I usually like** spring **weather, but I don't like the weather today.**
❺ 이유	**I can't** do any outdoor activities **on a day like this.**
❻ 마무리	**I hope it becomes** sunny **soon.**

지금은 봄입니다. 봄에는 보통 따뜻하고 건조합니다. 그렇지만 오늘은 밖에 비가 내리고 조금 춥습니다. 저는 보통 봄 날씨를 좋아하지만, 오늘 날씨는 좋지가 않습니다. 이런 날에는 야외 활동을 할 수가 없습니다. 빨리 햇빛이 비췄으면 좋겠습니다.

어휘 | spring 봄   warm 따뜻한   dry 건조한   cold 추운   weather 날씨
an outdoor activity 야외 활동   sunny 화창한

Q2 [시간에 따른 날씨의 변화] **How has the seasonal weather in your country changed since you were a child?**

어릴 때부터 지금까지 당신이 살고 있는 나라의 계절 날씨는 어떻게 바뀌어 왔나요?

답변 유형 패턴 12 적용 (p.54)

❶ 도입 **There have been a few changes in** the seasonal weather in Korea.
❷ 변화 1 **When I was a child,** for example, summer was not that long.
❸ 당시의 상황 It was also not that hot in summer **at that time.**
❹ 변화 2 **A few years later,** I felt that summer became longer.
❺ 현재의 상황 **Now,** summer is very long and it is very hot.

한국의 계절 날씨에는 몇 가지 변화가 있어왔습니다. 예를 들면, 제가 어렸을 때에는 여름이 그렇게 길지 않았습니다. 또한 그때 당시에는 여름에 그렇게 덥지 않았습니다. 몇 년 후에 저는 여름이 길어진 것을 느꼈습니다. 지금은 여름이 굉장히 길고 아주 덥습니다.

어휘 seasonal 계절적인   not+that+형용사 그렇게 ~하지 않은   longer 더 긴   hot 더운

Q3 [날씨 때문에 어려움을 겪은 경험] **Have you ever had any difficulty because of the weather? What happened?**

날씨 때문에 어려움을 겪은 경험이 있었나요? 무슨 일이 있었나요?

답변 유형 패턴 11 적용 (p.52)

❶ 경험 시기 Last year, **I had difficulty because of** the weather.
❷ 배경 설명 **I was supposed to** go to the beach with my friend on my vacation.
❸ 문제 이전의 상황 **At first, everything seemed fine.**
❹ 문제점 묘사 **However,** we heard a typhoon warning when we arrived at the beach.
❺ 해결 **So, we tried to** wait until it would stop.
❻ 결과 **Unfortunately,** the typhoon lasted for three days, and we had to come back home.

작년에 저는 날씨 때문에 어려움을 겪었습니다. 저는 휴가 때 친구와 해변에 가기로 했습니다. 처음에는 모든 것이 괜찮은 듯 했습니다. 그러나 해변에 도착했을 때 우리는 태풍 경보를 들었습니다. 그래서 우리는 태풍이 멈출 때까지 기다리려고 했습니다. 불행하게도 태풍은 3일 동안 계속 되었고, 우리는 집에 돌아왔습니다.

어휘 a typhoon warning 태풍 경보   until ~때까지   unfortunately 불행하게도   last 지속되다

Unit 06 / 계절

➜ 문제 출제 유형

계절 관련 문제는 보통 날씨와 같이 출제될 가능성도 있지만, 주로 계절의 특징이나 활동, 좋아하는 계절에 대한 이유 등과 관련하여 출제됩니다. 아래 문제 유형을 살펴보고, Chapter 1의 유형 패턴 문장들을 적용하여 계절 관련 문제들에 대한 답변을 연습해보세요.

- ▶ 한국의 계절 묘사
- ▶ 계절에 따라 사람들이 하는 활동
- ▶ 좋아하는 계절과 이유
- ▶ 계절과 관련하여 겪은 특별한 경험

MP3 09-16

Q₁ [한국의 계절 묘사] **Can you tell me about the seasons in your country? What is each season like?**

당신이 살고 있는 나라의 계절들에 대해 이야기해줄 수 있나요? 각 계절은 어떤 모습인가요?

 답변

❶ 한국의 계절　　**In Korea, we have four distinct seasons.**
❷ 봄의 특징　　　**In spring, the weather is usually** nice and warm.
❸ 여름의 특징 1　**In summer,** it is very hot and humid.
❹ 여름의 특징 2　**It is also** a rainy season.
❺ 가을의 특징　　**In fall,** it is a bit windy and cool.
❻ 겨울의 특징　　**In winter,** it is normally very cold and snowy.

한국에는 뚜렷한 사계절이 있습니다. 봄에는 보통 날씨가 좋고 따뜻합니다. 여름에는 매우 덥고 습합니다. 또한 장마철이기도 합니다. 가을에는 바람이 조금 불고 서늘합니다. 겨울에는 보통 날씨가 매우 춥고 눈이 내립니다.

어휘 ┃ **distinct** 뚜렷한　**humid** 습한　**a rainy season** 장마철　**windy** 바람이 부는　**cool** 시원한

Q2 [계절에 따른 사람들의 활동] **What kinds of activities do people usually do in each season in your country?**

당신이 살고 있는 나라에서는 각 계절에 사람들이 보통 어떤 종류의 활동을 하나요?

답변

❶ 봄/가을 특징	**Spring and fall have nice weather** for outdoor activities.	
❷ 활동 묘사	**People usually enjoy** the weather in the mountains or parks.	
❸ 여름 특징	**In summer,** it is very hot.	
❹ 활동 묘사	So, **people like to** do water activities such as swimming.	
❺ 겨울 특징	**In winter,** we have a lot of snow in Korea.	
❻ 활동 묘사	**Many people** go skiing or snowboarding **for winter activities.**	

봄과 가을은 야외활동을 하기에 좋은 날씨입니다. 사람들은 보통 산이나 공원에서 날씨를 즐깁니다. 여름에는 매우 덥습니다. 그래서 사람들은 수영 같은 물놀이를 하기 좋아합니다. 겨울에 한국에는 눈이 많이 내립니다. 많은 사람들이 겨울 활동으로 스키나 스노우보드를 타러 갑니다.

 a mountain 산   a water activity 수상 활동   go skiing/snowboarding 스키/스노우보드를 타러 가다

 Q3 [가장 좋아하는 계절] **What is your favorite season of the year. Why do you like it?**

당신이 가장 좋아하는 연중 계절은 무엇인가요? 왜 그 계절을 좋아하나요?

답변

❶ 경험 시기	**My favorite season is** spring.	
❷ 배경 설명	**In** spring, **the weather is usually** nice and warm.	
❸ 문제 이전의 상황	I hate the cold weather in winter, so I always wait for spring.	
❹ 문제점 묘사	**Also, spring is** very beautiful because of many flowers.	
❺ 해결	**I can do many kinds of outdoor activities** in spring.	
❻ 결과	**For example,** I often go on a picnic with my family.	

제가 제일 좋아하는 계절은 봄입니다. 봄에는 보통 날씨가 좋고 따뜻합니다. 저는 겨울의 추운 날씨가 싫어서 항상 봄을 기다립니다. 또한 봄은 많은 꽃들이 있어서 매우 아름답습니다. 저는 봄에 많은 종류의 야외활동을 할 수 있습니다. 예를 들면, 가족들과 함께 자주 소풍을 갑니다.

 hate 싫어하다   wait for ~를 기다리다   go on a picnic 소풍을 가다

Unit 07 / 명절

MP3 09-19

→ 문제 출제 유형

holiday는 '공휴일' 또는 '명절'이라는 뜻으로, 한국의 명절에 대해 묻는 문제들은 자주 출제되는 돌발 주제 중 하나입니다. 아래 문제 유형을 살펴보고, 명절/공휴일과 관련하여 출제될 수 있는 문제의 답변을 연습해보세요.

▶ 한국의 명절 종류
▶ 한국의 인기 있는 공휴일/명절들
▶ 한국의 가장 큰 명절과 하는 일
▶ 가장 기억에 남는 명절
▶ 어릴 때 기억에 남는 명절

Q1 [인기 있는 공휴일/명절] **What are some popular holidays in your country? How do people celebrate those holidays?**

당신이 살고 있는 나라의 인기 있는 명절들은 어떤 것들이 있나요? 사람들은 그 명절들을 어떻게 보내나요?

답변

❶ 인기 있는 명절   **There are some popular holidays in Korea.**

❷ 명절 예   **They are** New Year's Day, Choosuk, Christmas Day and Children's Day.

❸ 명절 활동 1   **People usually spend these holidays with** their families or friends.

❹ 음식   **They also** make special kinds of food together at home.

❺ 음식 예   It is mostly traditional Korean food.

❻ 명절 활동 2   **However, some people like to** travel during these holidays.

한국에는 몇 개의 인기 있는 공휴일이 있습니다. 인기 있는 공휴일들은 설날, 추석, 크리스마스, 어린이 날입니다. 사람들은 보통 가족이나 친구들과 함께 이러한 공휴일을 보냅니다. 또한 집에서 같이 특별한 종류의 음식을 만듭니다. 이 음식들은 대부분 한국 전통 음식들입니다. 그러나 어떤 사람들은 명절 기간에 여행하는 것을 좋아하기도 합니다.

어휘   **a holiday** 공휴일, 명절   **special** 특별한   **mostly** 대부분   **traditional** 전통적인   **travel** 여행하다

[가장 큰 명절] What is the biggest holiday in your country? What do people usually do and what do they eat for that holiday?
당신이 살고 있는 나라에서 가장 큰 명절은 무엇인가요? 사람들은 그 명절날 보통 무엇을 하고 무엇을 먹나요?

답변

❶ 가장 큰 명절 The biggest holiday in Korea is New Year's Day.
❷ 하는 일 1 **For this holiday, people usually** return to their hometown.
❸ 하는 일 2 **In the morning of the holiday, they** have a memorial service for their ancestors.
❹ 하는 일 3 **After that,** they share some traditional food together.
❺ 음식 **The special food for this holiday is** soup with rice cake.
❻ 하는 일 4 **People also** wish each other good luck for the new year.

한국의 가장 큰 명절은 설날입니다. 사람들은 설날을 위해 보통 고향에 내려갑니다. 설날 아침에는 조상을 위해 차례를 지냅니다. 그 후에는 다같이 전통 음식을 먹습니다. 이 명절의 특별 음식은 떡국입니다. 사람들은 또한 새해를 위해 좋은 일들을 서로에게 빌어줍니다.

어휘 **return** 돌아가다 **hometown** 고향 **a memorial service** 차례(기념식) **an ancestor** 조상 **wish** 빌다

 [어릴 때 기억에 남는 명절] Please tell me about one memorable holiday you had when you were a child. Why was it memorable?
어렸을 때 보낸 기억에 남는 명절에 대해 이야기해주세요. 왜 그 명절이 기억에 남나요?

답변 유형 패턴 10 적용 (p.50)

❶ 경험 시기 **When I was 10, I had a very memorable** Christmas Day.
❷ 발단 **At that time, I** traveled to Jeju Island with my family for Christmas.
❸ 전개 At the hotel, **I suddenly heard some people cheering.**
❹ 절정 **Surprisingly,** my favorite singer was having a concert there.
❺ 결말 **I was very excited, and I got his autograph.**
❻ 마무리 It was such a great Christmas gift.

제가 10살 때 아주 기억에 남는 크리스마스를 보냈습니다. 그때 저는 가족과 함께 크리스마스를 위해 제주도로 여행을 갔습니다. 저는 호텔에서 갑자기 사람들의 환호성을 들었습니다. 놀랍게도 제가 제일 좋아하는 가수가 그곳에서 콘서트를 하고 있었습니다. 저는 매우 신이 나서 그의 사인을 받았습니다. 정말 굉장한 크리스마스 선물이었습니다.

어휘 **travel to** ~로 여행을 하다 **a concert** 콘서트 **a gift** 선물

Unit 08 / 호텔

⊙ 문제 출제 유형

호텔은 종종 출제되는 돌발주제로 평소에 생각하지 않던 주제라 많은 수험생이 시험장에서 당황하는 주제이기도 합니다. 따라서, 미리 문제 유형을 살펴보고 이야깃거리를 준비하는 것이 중요합니다. 아래 문제 유형을 참고로 Chapter 1의 유형 패턴 문장들을 적용하여 호텔 관련 문제들에 대한 답변을 연습해보세요.

▶ 한국의 호텔들 특징 및 모습 묘사
▶ 한국의 유명한 호텔들 묘사
▶ 최근에 호텔에 간 경험
▶ 가장 기억에 남는 호텔 묘사
▶ 호텔에서 무엇을 하며 시간을 보내는지 묘사

MP3 09-22

Q₁ **[한국의 유명한 호텔들] What are some famous hotels in your country? What are they like?**

당신이 살고 있는 나라에 유명한 호텔들은 무엇이 있나요? 그 호텔들은 어떤 호텔들인가요?

 답변

❶ 한국의 유명 호텔   **We have many famous hotels** in Korea.
❷ 호텔 종류 1   **Some hotels are global brand hotels** like Hilton or Sheraton.
❸ 구체적 설명 1   The hotel buildings are usually tall and luxurious.
❹ 구체적 설명 2   **They generally offer** nice guest rooms and good service.
❺ 호텔 종류 2   **We also have some traditional Korean hotels.**
❻ 구체적 설명   **Many tourists stay there and like to** experience traditional Korean culture.

우리 나라에는 많은 유명한 호텔이 있습니다. 어떤 호텔들은 힐튼이나 쉐라톤 같은 세계적인 브랜드 호텔들입니다. 이 호텔 건물들은 보통 높고 고급스럽습니다. 이 호텔들은 일반적으로 훌륭한 객실과 좋은 서비스를 제공합니다. 또한 한국 전통 호텔들도 있습니다. 많은 여행객들이 이러한 호텔에 머물며 한국 전통 문화를 경험하는 것을 좋아합니다.

어휘	
global 세계적인 **luxurious** 고급스러운 **generally** 일반적으로	
offer 제공하다 **a guest room** 객실 **culture** 문화	

Q2 [최근에 호텔에 간 경험] **Can you tell me about the last time you stayed at a hotel? Where did you stay? What did you do at the hotel?**

가장 최근에 호텔에 머물렀던 때에 대해 이야기해줄 수 있나요? 어디에 머물렀나요? 그 호텔에서는 무엇을 했나요?

 답변 유형 패턴 8 적용 (p.46)

❶ 경험 시기/사람	Last year, **I stayed** two nights **at a hotel with** my family.
❷ 장소 묘사	**We went to** Busan Hotel, **and it was very crowded.**
❸ 한 일 1	**As soon as we arrived, we** unpacked and looked around the hotel.
❹ 상황 묘사	The hotel facilities **were awesome!**
❺ 한 일 2	**While we were there, we** visited the hotel spa and the sky lounge.
❻ 마무리	**We had such a good time there.**

작년에 저는 가족들과 함께 이틀 동안 호텔에 머물렀습니다. 우리는 부산 호텔에 갔는데, 그곳에는 사람들이 많았습니다. 도착하자마자 우리는 짐을 풀고, 호텔을 둘러보았습니다. 호텔 시설들은 굉장히 좋았습니다! 그곳에 있는 동안 우리는 호텔 스파와 스카이라운지에 갔습니다. 정말 좋은 시간이었습니다.

어휘 stay 머무르다   unpack 짐을 풀다   look around 둘러보다   facilities 시설들

Q3 [기억에 남는 호텔] **Please tell me about one memorable hotel you've stayed at. Why was it so memorable?**

머물렀던 호텔 중 기억에 남는 호텔 하나에 대해 이야기해주세요. 그곳이 왜 기억에 남나요?

답변 유형 패턴 3 적용 (p.36)

❶ 장소 소개	**I went to** Lotte Hotel with my family two years ago.
❷ 위치	**It was located** on Jeju Island.
❸ 이유	**There are a few reasons I remember this hotel.**
❹ 이유 1	**First, it was very close to** many tourist attractions.
❺ 이유 2	**Also, it had better facilities than** other hotels.
❻ 마무리	**Overall, it was a great place to stay.**

2년 전에 저는 가족들과 롯데 호텔에 갔습니다. 롯데 호텔은 제주도에 위치해 있습니다. 그 호텔은 가족들에게 매우 인기가 있었습니다. 제가 이 호텔을 기억하는 이유는 몇 가지가 있습니다. 먼저 그곳은 많은 관광지와 아주 가까이에 있었습니다. 또한 다른 호텔들보다 더 좋은 시설을 가지고 있었습니다. 전반적으로 그곳은 지내기에 아주 좋은 장소였습니다.

 어휘 **an island** 섬   **a tourist attraction** 관광지

Unit 09 / 패션

⊙ 문제 출제 유형

패션에 대한 문제는 요즘 들어 특히 자주 출제되는 돌발 주제 중 하나입니다. 평소에 패션에 대해 생각해 본 적이 없었다면 다루기 힘든 주제이므로 미리 이야깃거리를 생각해 두도록 하세요.

▶ 한국 사람들이 입는 옷의 종류
▶ 최근엥 유행하는 패션
▶ 최근에 옷을 산 경험
▶ 패션 트렌드의 변화
▶ 평소에 자신이 즐겨 입는 옷의 종류

MP3 09-25

Q1 [사람들이 입는 옷의 종류] **What types of clothing do people wear in your country? What do they wear when they work? What do they wear when they relax at home?**
당신 나라 사람들은 어떤 종류의 옷을 입나요? 일할 때 그들은 무엇을 입나요? 집에서 쉴 때는 무엇을 입나요?

답변

❶ 옷 소개   **In my country, people usually wear** formal suits **at work.**
❷ 종류 1   **For example, men have to wear** a business suit and a tie.
❸ 입는 이유   **They don't usually wear** jeans or sneakers at work.
❹ 종류 2   **Women don't wear** short skirts or flip-flops.
❺ 종류 3   **However, they like to wear** casual clothes **at home.**
❻ 종류 4   **Some people even prefer** pajamas at home.

우리 나라 사람들은 보통 직장에서 정장을 입습니다. 예를 들면 남자는 양복에 넥타이를 해야 합니다. 그들은 보통 직장에서는 청바지나 운동화를 신지 않습니다. 여자들은 짧은 스커트나 슬리퍼를 신지 않습니다. 그러나 집에서는 캐주얼한 옷을 입는 것을 좋아합니다. 어떤 사람들은 심지어 집에서 잠옷을 선호하는 경우도 있습니다.

> 어휘 **wear** 입다   **a formal suit** 정장   **a tie** 넥타이   **jeans** 청바지   **sneakers** 운동화   **a skirt** 치마
> **flip-flops** (끈을 끼워서 신는) 슬리퍼   **casual clothes** 캐주얼 옷   **pajamas** 잠옷

Q₂ [최근에 옷 쇼핑을 한 경험] **Please tell me about the last time you went shopping for clothes. What did you buy, and where did you buy it?**

최근에 옷을 사러 갔을 때에 대해 이야기해주세요. 무엇을 샀고, 어디에서 그 옷을 샀나요?

답변 유형 패턴 8 적용 (p.46)

❶ 경험 시기/사람	Last month, **I went shopping for** jeans with my friend.
❷ 장소 묘사	**We went to** Yeoju Premium Outlet, **and it was very crowded.**
❸ 한 일 1	**As soon as we arrived, we** visited a few shops for jeans.
❹ 상황 묘사	The sale prices **were awesome!**
❺ 한 일 2	**While we were there, we** bought two pair of jeans and one t-shirt.
❻ 마무리	**It was such a** fun **day.**

지난 달에 저는 친구와 청바지를 사러 갔습니다. 우리는 여주 프리미엄 아울렛에 갔는데, 그곳은 많은 사람들로 붐볐습니다. 우리는 도착하자마자, 청바지를 사기 위해 매장 몇 군데를 방문했습니다. 세일 가격들은 굉장히 좋았습니다! 그곳에 있는 동안, 우리는 청바지 두 벌과 티셔츠 한 장을 샀습니다. 정말 재미있는 하루였습니다.

어휘 **shop for** ~를 사다　**a shop** 가게　**a sale price** 세일 가격　**a pair** (한) 벌

Q₃ [패션 트렌드의 변화] **Fashion trends change all the time. What are some changes in fashion from the past to the present?**

패션 트렌드는 항상 변합니다. 과거에서 현재까지 패션에는 어떤 변화가 있었나요?

답변 유형 패턴 12 적용 (p.54)

❶ 도입	**There have been a few changes in** fashion.
❷ 변화 1	**When I was a child,** hip-hop style was popular.
❸ 당시의 상황	People liked to wear clothing like hip-hop musicians **at that time.**
❹ 변화 2	**A few years later,** people started to wear skinny jeans or short skirts.
❺ 현재의 상황	**Now,** I think they don't follow trend, but like to have their own style.

패션에는 몇 가지 변화가 있어왔습니다. 제가 어릴 때에는 힙합 스타일이 인기 있었습니다. 그때 당시 사람들은 힙합 가수들처럼 입는 것을 좋아했습니다. 몇 년 후에는 사람들이 스키니 진이나 짧은 치마를 입기 시작했습니다. 지금은 제 생각에 사람들은 유행을 따르지 않고, 자신만의 스타일을 갖는 것을 좋아하는 것 같습니다.

어휘 **a trend** 유행, 추세　**like** ~처럼　**a musician** 음악가, 가수　**skinny jeans** 스키니 진　**follow** 따라가다

Unit 10 / 은행

➔ 문제 출제 유형

은행에 대한 문제는 은행의 전반적인 모습부터 업무, 은행 업무 경험 등 다양하게 출제될 수 있습니다. 아래 문제 유형을 살펴보고, Chapter 1의 유형 패턴 문장들을 적용하여 은행 관련 문제들에 대한 답변을 연습해보세요.

- ▶ 한국의 은행들과 일하는 사람들 묘사
- ▶ 은행에서의 주 업무
- ▶ 자주 가는 은행 묘사
- ▶ 가장 최근에 은행을 간 경험
- ▶ 은행에서 업무 중 어려움을 겪은 경험

(MP3 09-28)

Q1 **[자주 가는 은행 묘사] I'd like to know about the bank you often go to. Where is it? Why do you often go there?**

당신이 자주 가는 은행에 대해 알고 싶습니다. 그 은행은 어디에 있나요? 왜 그 은행에 자주 가나요?

답변 (유형 패턴 3 적용 (p.36))

❶ 장소 소개	**I often go to** KB bank.
❷ 위치	**It is located** near my house.
❸ 이용하는 이유	**There are a few reasons I often visit there.**
❹ 이유 1	**First, it is very close to my house.**
❺ 서비스	**Also, it** offers better services **than other banks.**
❻ 이유 2	The tellers are very kind, and the waiting area is very comfortable.

저는 KB 은행에 자주 갑니다. 그 은행은 우리 집 근처에 위치해 있습니다. 제가 그곳에 자주 가는 이유는 몇 가지가 있습니다. 먼저, 그 은행은 우리 집에서 아주 가깝습니다. 또한 그곳은 다른 은행들보다 더 좋은 서비스를 제공합니다. 은행 직원들은 아주 친절하고, 대기실도 매우 편안합니다.

어휘 **offer** 제공하다 **a service** 서비스 **a teller** 은행 창구 직원
a waiting area 대기실 **comfortable** 편안한

[은행에서 주로 하는 일] What do people usually do at the bank? Why do you go to the bank, and what do you usually do there?

은행에서 사람들은 주로 무엇을 하나요? 당신은 왜 은행에 가고, 그곳에서 보통 무엇을 하나요?

답변

❶ 경험 시기/사람 **People go to the bank for various reasons.**

❷ 장소 묘사 **For example, they** deposit or withdraw money or ask for a loan.

❸ 한 일 1 **For myself, I go to the bank to** withdraw money or pay bills.

❹ 상황 묘사 **I sometimes** do online banking.

❺ 한 일 2 It is very convenient because I don't need to go to the bank.

사람들은 다양한 이유로 은행에 갑니다. 예를 들면, 돈을 예금, 출금 하거나 대출을 받으러 은행에 가기도 합니다. 제 경우에는, 돈을 출금하거나 세금을 내러 은행에 갑니다. 가끔은 온라인으로 은행 업무를 보기도 합니다. 은행에 갈 필요가 없기 때문에 온라인 뱅킹은 매우 편리한 것 같습니다.

어휘 **various** 다양한　**deposit** 예금하다　**withdraw** 출금하다　**ask for a loan** 대출하다
pay bills 세금을 내다　**online banking** 온라인 뱅킹　**convenient** 편리한

[최근에 은행에 간 경험] When was the last time you went to the bank? Why did you go to the bank, and what did you do there?

가장 최근에 은행을 갔던 적은 언제인가요? 왜 은행에 갔고, 그곳에서 무엇을 했나요?

답변 (유형 패턴 8 적용 (p.46))

❶ 경험 시기/목적 Last week, **I went to the bank to** get a new credit card.

❷ 장소 묘사 **I went to** KB Bank, **and it was very crowded.**

❸ 한 일 1 **As soon as I arrived, we** visited the teller.

❹ 상황 묘사 1 Her service **was great!**

❺ 상황 묘사 2 She explained about the card benefits very kindly.

❻ 한 일 2 **While I was there,** I opened a new account and got a credit card.

지난주에 저는 새로운 신용카드를 만들기 위해 은행에 갔습니다. 저는 KB 은행에 갔는데, 그곳에는 사람들이 많았습니다. 도착하자마자 저는 은행 직원을 만났습니다. 은행 직원의 서비스는 훌륭했습니다! 그녀는 아주 친절하게 카드 혜택에 대해 설명해주었습니다. 그곳에 있는 동안 저는 새 계좌를 구설하고, 신용카드를 만들었습니다.

어휘 **a credit card** 신용카드　**explain** 설명하다　**a benefit** 혜택, 이점　**an account** 계좌

부록

시험 전 유형별
말하기 실전 연습

시험 전에는 OPIc Background에서
선택한 주제나 돌발 주제들을 보고 가기에
심리적이나 물리적으로 벅찬 감이 있을 것입니다.
많은 주제들 중에 특정 주제를 연습하고 가는 것보다는
OPIc의 문제 유형별로 패턴 연습을 한번씩이라도 하고 가는 것이 현명합니다.

부록에서는 15개의 각 유형별로 연습할 수 있는 문제들을 묶어 놓았습니다.
이 책에서 다룬 문제들을 유형별로 다시 연습하여
패턴을 확실히 복습하고 시험에 임할 수 있도록 연습해보세요.

부록 활용 방법

단계 1 각 유형별로 패턴을 다시 한번 복습한다.

단계 2 유형별로 주어진 문제를 음성 파일로 듣는다.

단계 3 문제를 듣고 유형 패턴을 활용하여 답변을 이야기한다.
답변 시 녹음을 하며 이야기한다.

단계 4 자신의 녹음한 답변을 들으며 각 문제에 해당하는 페이지의 답변을 확인하고,
부족한 부분을 보충한다.

01 / 가까운 사람 묘사하기

답변 패턴

❶ 소개	My closest 사람[명사] is 이름.
❷ 처음 만난 시기	I first met her/him 특정시기.
❸ 특징 1	She/He is a people person. so, she/he likes to meet new people.
❹ 특징 2	She/He also makes good jokes.
❺ 만나면 하는 일	When we meet personally, we like to chat at a cafe.
❻ 마무리	I feel lucky to have such a great 사람.

MP3 10-01

Q₁ [가장 친한 이웃] **Please tell me about one of your closest neighbors. What kind of person is he? What do you usually do when you see your neighbor?**

▶ 자가 답변 녹음 (1분~1분 30초) → 답변 확인: p.33

MP3 10-02

Q₂ [좋아하는 선생님] **Can you tell me about your favorite teacher at school? Why do you like that teacher?**

▶ 자가 답변 녹음 (1분~1분 30초) → 답변 확인: p.68

MP3 10-03

Q₃ [친한 학교 친구] **I'd like to know about one of your close friends at school. What kind of person is she or he? What do you usually do when you meet this person?**

▶ 자가 답변 녹음 (1분~1분 30초) → 답변 확인: p.70

02 / 장소 묘사하기

답변 패턴

❶ 장소 소개	[주어+동사]
❷ 위치	It is located [전치사+위치를 나타내는 명사구].
❸ 분위기	It is always warm and bright.
❹ 왼쪽 공간	When you enter the room, you will see 보이는 것 1 and 보이는 것 2 on the left.
❺ 오른쪽 공간	On the right side, you will find 보이는 것 3 and 보이는 것 4.
❻ 장소의 좋은 점	I like 특정 장소 because it is a good place to [동사원형].

MP3 10-04

Q₁ [살고 있는 집과 방 묘사] **Please describe your house. What does it look like? Can you also tell me about your favorite room?**

▶ 자가 답변 녹음 (1분~1분 30초) → 답변 확인: p.86

MP3 10-05

Q₂ [가장 좋아하는 방 묘사] **Please describe your favorite room in your house in detail. What does it look like? What do you like about the room?**

▶ 자가 답변 녹음 (1분~1분 30초) → 답변 확인: p.35

MP3 10-06

Q₃ [학교소개] **Please tell me about your school. Where is it? What is there on your school campus?**

▶ 자가 답변 녹음 (1분~1분 30초) → 답변 확인: p.66

03 / 특정 장소 좋아하는 이유 설명

➔ 답변 패턴

❶ 장소 소개	I often go to 장소 이름[명사].
❷ 위치	It is located in 지역.
❸ 특징	This place is very popular with 특정 사람들[복수형 명사].
❹ 가게 된 이유	There are a few reasons I often go there.
❺ 이유 1	First, it is very close to my house.
❻ 이유 2	Also, it has better facilities than other 장소[명사].
❼ 마무리	Overall, it is a good place to [동사원형].

MP3 10-07

Q₁ [자주 가는 영화관] **You indicated in the survey that you like to watch movies. Can you tell me about the movie theater you often go to? Where is it? Why do you often go there?**

▶ 자가 답변 녹음 (1분~1분 30초) → 답변 확인: p.110

MP3 10-08

Q₂ [자주 가는 콘서트 홀] **You indicated in the survey that you like to go to a concert. Can you tell me about the concert hall you often go to? Where is it? Why do you like to go there?**

▶ 자가 답변 녹음 (1분~1분 30초) → 답변 확인: p.138

Q3

MP3 10-09

[자주 가는 공원] **Can you tell me about a park you often visit? Where is it? Why do you like to go there?**

▶ 자가 답변 녹음 (1분~1분 30초) → 답변 확인: p.146

Q4

MP3 10-10

[조깅하기 좋아하는 장소] **You indicated in the survey that you like jogging. Where do you usually go jogging? Why do you like to jog there?**

▶ 자가 답변 녹음 (1분~1분 30초) → 답변 확인: p.152

Q5

MP3 10-11

[자주 가는 해변] **You indicated in the survey that you like to go to the beach. Can you tell me about the beach you often go to? Where is it? Why do you often go there?**

▶ 자가 답변 녹음 (1분~1분 30초) → 답변 확인: p.172

Q6

MP3 10-12

[자주 가는 국내 여행지] **You indicated in the survey that you like to take a domestic trip. Can you tell me about your favorite city or area you like to visit? What can you see there?**

▶ 자가 답변 녹음 (1분~1분 30초) → 답변 확인: p.184

04 / 사물 묘사하기

⊙ 답변 패턴

1 사물 소개	I'd like to talk about 특정 사물[명사].
2 구입 시기	I bought it 특정 시기[명사구].
3 구입 이유	I got it because my previous one was too old.
4 좋아하는 점	I like my new 사물[동사], especially the appearance.
5 외관	It is black and has a modern look.
6 용도	I usually use it when I [동사].

MP3 10-13

Q1 [가장 좋아하는 가구] **Can you tell me about your favorite furniture in your home? What is it? What does it look like?**

▶ 자가 답변 녹음 (1분~1분 30초) → 답변 확인: p.39

MP3 10-14

Q2 [갖고 있는 자전거 묘사] **You indicated in the survey that you like to ride a bicycle. Please describe your bicycle in as much detail as possible.**

▶ 자가 답변 녹음 (1분~1분 30초) → 답변 확인: p.158

05 / 구체적인 이유 설명 (음악/영화)

→ 답변 패턴

❶ 좋아하는 장르	I like 장르[명사] the most.
❷ 좋아하는 이유	Whenever I [동사], I relieve stress.
❸ 좋아하는 사람	My favorite 사람[명사] is 이름.
❹ 이유 1	I like his/her attractive voice and appearance.
❺ 이유 2	Also, her/his [명사] are always excellent.
❻ 마무리	Overall, he/she is such a great 직업[명사].

MP3 10-15

Q₁　[좋아하는 음악 장르와 가수] **What type of music do you like to listen to? I'd also like to know about your favorite singer or composer.**

▶ 자가 답변 녹음 (1분~1분 30초) → 답변 확인: p.124

MP3 10-16

Q₂　[좋아하는 영화 장르와 배우] **What kind of movies do you like to watch? Can you also tell me about your favorite actor or actress?**

▶ 자가 답변 녹음 (1분~1분 30초) → 답변 확인: p.114

MP3 10-17

Q₃　[부르기 좋아하는 노래] **You indicated in the survey that you enjoy singing. What kind of music or songs do you like to sing? Can you also tell me about your favorite song?**

▶ 자가 답변 녹음 (1분~1분 30초) → 답변 확인: p.130

MP3 10-18

Q₄　[좋아하는 콘서트 종류] **What kinds of concerts do you like to go to? Whose concerts do you like to see?**

▶ 자가 답변 녹음 (1분~1분 30초) → 답변 확인: p.140

06 / 과정 설명하기

답변 패턴

❶ 과정 소개	I'd like to talk about how to [동사원형].
❷ 단계 1	First, you need to [동사원형].
❸ 단계 2	Then, [주어+동사].
❹ 단계 3	After that, [주어+동사]
❺ 단계 4	Finally, if you [동사], it's done!

(MP3 10-19)

Q1 [요리하기 좋아하는 음식과 조리 과정] **What kind of dish do you like to cook the most? Can you tell me how to cook that dish?**

▶ 자가 답변 녹음 (1분~1분 30초) → 답변 확인: p.96

(MP3 10-20)

Q2 [식사 준비 과정] **What do you normally do when you prepare a meal? Please tell me everything you do in order to prepare a meal.**

▶ 자가 답변 녹음 (1분~1분 30초) → 답변 확인: p.98

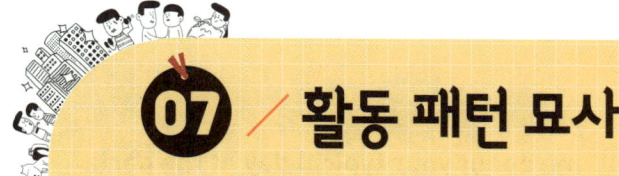

07 / 활동 패턴 묘사

➡ 답변 패턴

1 활동 빈도 및 시기	I 활동[동사] once a 기간[명사], usually on weekends.
2 같이 하는 사람	I often 활동[동사] with my 사람.
3 주로 가는 장소	We normally go to 특정 장소[명사] for 활동[명사형].
4 도착하자마자 하는 일	When we arrive there, we first 활동[동사].
5 그 다음 하는 일	Then, we 활동[동사].
6 그 후에 하는 일	After 활동[명사형], we like to 활동[동사원형].

MP3 10-21

Q₁ [영화 보기 전후에 하는 일] **What do you usually do before you watch a movie? What do you do after the movie?**

▶ 자가 답변 녹음 (1분~1분 30초) → 답변 확인: p.112

MP3 10-22

Q₂ [공연 전후에 하는 일] **How often do you go to see performances? Who do you usually go with? What do you do before and after the performances?**

▶ 자가 답변 녹음 (1분~1분 30초) → 답변 확인: p.116

Q3 MP3 10-23

[공원에서의 전형적인 하루] **Please tell me about your typical day at the park. What do you usually do when you go to the park?**

▶ 자가 답변 녹음 (1분~1분 30초) → 답변 확인: p.148

Q4 MP3 10-24

[조깅 전후에 하는 일] **What do you normally do before and after jogging? Please tell me about your typical day when you go jogging.**

▶ 자가 답변 녹음 (1분~1분 30초) → 답변 확인: p.45

Q5 MP3 10-25

[배드민턴 활동 패턴 묘사] **You indicated in the survey that you like to play badminton. How often and where do you play badminton? Who do you usually play with?**

▶ 자가 답변 녹음 (1분~1분 30초) → 답변 확인: p.164

Q6 MP3 10-26

[해변에서 주로 하는 것] **How often do you go to the beach? What do you normally do on the beach?**

▶ 자가 답변 녹음 (1분~1분 30초) → 답변 확인: p.174

Q7 MP3 10-27

[캠핑 패턴 이야기하기] **How often do you go camping? Who do you usually go with? What do you usually do when you go camping?**

▶ 자가 답변 녹음 (1분~1분 30초) → 답변 확인: p.178

08 / 최근 경험 이야기하기

⊙ 답변 패턴

❶ 경험 시기/같이 한 사람	구체적 시기[명사구], I [동사의 과거형] with 사람.	
❷ 장소 묘사	We went to 특정 장소[명사], and it was very crowded.	
❸ 한 일 1	As soon as we arrived, we 활동[동사의 과거형].	
❹ 당시 묘사	The [명사] was awesome!	
❺ 한 일 2	After 활동[명사형], we 활동[동사의 과거형].	
❻ 마무리	It was such a [형용사] day.	

【MP3 10-28】

Q₁ [최근에 영화를 본 경험] **When was the last time you went to the movies? What movie did you see, and who did you watch the movie with?**

▶ 자가 답변 녹음 (1분~1분 30초) → 답변 확인: p.47

【MP3 10-29】

Q₂ [최근 요리 경험] **Please tell me about the last time you cooked for someone else. What did you cook?**

▶ 자가 답변 녹음 (1분~1분 30초) → 답변 확인: p.100

MP3 10-30

Q3 [최근에 갔던 콘서트 경험] **Please tell me about the last time you went to a concert. Whose concert did you go to? Who did you go there with?**

▶ 자가 답변 녹음 (1분~1분 30초) → 답변 확인: p.142

MP3 10-31

Q4 [최근에 공원에 갔던 경험] **When was the last time you visited a park? Who did you go there with, and what did you do at the park?**

▶ 자가 답변 녹음 (1분~1분 30초) → 답변 확인: p.150

MP3 10-32

Q5 [가장 최근에 캠핑을 간 경험] **When did you go camping recently? Who did you go with, and what did you do while camping?**

▶ 자가 답변 녹음 (1분~1분 30초) → 답변 확인: p.182

MP3 10-33

Q6 [어릴 때 한 여행 경험] **Please tell me about a memorable trip you had when you were a child. Where did you go and who did you take a trip with?**

▶ 자가 답변 녹음 (1분~1분 30초) → 답변 확인: p.186

09 / 관심 계기 (처음 경험) 이야기하기

⊙ 답변 패턴

❶ 경험 시기	I first [동사의 과거형]+구체적 시기[명사구].
❷ 그 전의 상황	Until that time, I didn't know much about [명사형].
❸ 관심을 갖게 된 사건	One day, 특정 사람 suggested [명사형] for fun.
❹ 영향을 준 사람	He/She taught me how to [동사원형].
❺ 활동 후의 변화	While I was [동사 진행형], I felt that I relieved stress.
❻ 지금의 활동 패턴	Now, I 활동[동사] at least once a [기간].

(MP3 10-34)

Q₁ [공연에 처음 관심을 갖게 된 계기] **How did you first become interested in watching performances?**

▶ 자가 답변 녹음 (1분~1분 30초) → 답변 확인: p.120

(MP3 10-35)

Q₂ [노래에 처음 관심을 갖게 된 계기] **How did you first become interested in singing? Who taught you how to sing?**

▶ 자가 답변 녹음 (1분~1분 30초) → 답변 확인: p.134

(MP3 10-36)

Q₃ [자전거를 처음 탄 경험] **When was the first time you rode a bike? Who taught you how to ride it?**

▶ 자가 답변 녹음 (1분~1분 30초) → 답변 확인: p.49

(MP3 10-37)

Q₄ [조깅에 처음 관심을 갖게 된 계기] **How did you first become interested in jogging? Who taught you how to jog?**

▶ 자가 답변 녹음 (1분~1분 30초) → 답변 확인: p.154

(MP3 10-38)

Q₅ [자전거를 처음 탄 경험] **Can you tell me about the time you first rode a bicycle? Who taught you how to ride a bike?**

▶ 자가 답변 녹음 (1분~1분 30초) → 답변 확인: p.160

10 / 기억에 남는 (특별한) 경험 이야기하기

🟢 답변 패턴

① 경험 시기	**구체적 시기 [명사구]**, I had a very memorable experience + **장소[명사구]**.	
② 배경 설명	At that time, I was **[동사의 진행형]**.	
③ 발단	Suddenly, I heard some people cheering.	
④ 전개	I was curious, so I followed the sound.	
⑤ 절정	Surprisingly, my favorite actor was shooting a movie there!	
⑥ 결말	I was very excited, and I got his autograph.	
⑦ 마무리	I will never forget that day.	

Q1 **[동네에서 겪은 기억에 남는 일] Please tell me about a memorable event that happened in your neighborhood. What was it? Why was it memorable?**

▶ 자가 답변 녹음 (1분~1분 30초) → 답변 확인: p.51

Q2 **[산책을 하다가 겪은 특별한 일] Can you tell me an interesting or unexpected event that happened while you were taking a walk? What happened?**

▶ 자가 답변 녹음 (1분~1분 30초) → 답변 확인: p.156

Q3 **[기억에 남는 여행] Have you ever had an interesting or unexpected event that happened while you were traveling? What happened?**

▶ 자가 답변 녹음 (1분~1분 30초) → 답변 확인: p.188

11 / 문제 해결 경험 이야기하기

→ 답변 패턴

1 경험 시기	구체적 시기[명사구], I had difficulty in 문제 대상[명사구].
2 배경 설명	I was supposed to [동사원형].
3 문제 이전의 상황	At first, everything seemed fine.
4 문제점 묘사	However, 문제점 묘사[주어+동사].
5 해결	So, I(we) tried to [동사원형].
6 결과	Luckily, 문제 해결의 결과[주어+동사].

MP3 10-42

Q₁ [프로젝트의 어려움] **Have you had any difficulty while you did a project? What was the problem?**

▶ 자가 답변 녹음 (1분~1분 30초) → 답변 확인: p.80

MP3 10-43

Q₂ [해변에서 날씨가 안 좋았던 경험] **Have you ever experienced bad weather when you were at the beach? What happened?**

▶ 자가 답변 녹음 (1분~1분 30초) → 답변 확인: p.176

⑫ / 시간에 따른 변화 이야기하기

⊙ 답변 패턴

❶ 도입	There have been a few changes in 변화된 대상[명사].	
❷ 변화 1	When I [동사의 과거형], [주어+동사의 과거형].	
❸ 변화 1의 상황	[주어+동사의 과거형] at that time.	
❹ 변화 2	A few years later, [주어+동사의 과거형].	
❺ 현재의 상황	Now, [주어+동사의 현재형].	

MP3 10-44

Q1 [동네의 변화] **Think about the time you moved into your neighborhood. How has your neighborhood changed since then?**

▶ 자가 답변 녹음 (1분~1분 30초) → 답변 확인: p.55

MP3 10-45

Q2 [살고 있는 집의 변화] **Think about the time you moved into your house. How has your house changed since then?**

▶ 자가 답변 녹음 (1분~1분 30초) → 답변 확인: p.88

MP3 10-46

Q3 [집안일의 역할 변화] **What house chores did you do when you were a child? How have your responsibilities changed over time?**

▶ 자가 답변 녹음 (1분~1분 30초) → 답변 확인: p.92

MP3 10-47

Q4 [음악 취향의 변화] **What music did you like to listen to when you were a child? How has your taste in music changed since then?**

▶ 자가 답변 녹음 (1분~1분 30초) → 답변 확인: p.128

MP3 10-48

Q5 [배드민턴 실력의 변화] **Please tell me how your skills have changed since you first played badminton. Have you improved a lot?**

▶ 자가 답변 녹음 (1분~1분 30초) → 답변 확인: p.166

13 / Role-play: 면접관에게 직접 질문하기

➡ 답변 패턴

❶ 인사	Hi, Eva.
❷ 질문 목적	I'd like to ask you some questions about [명사형].
❸ 질문 1	First, [의문문]?
❹ 질문 2	And, [의문문]?
❺ 질문 3	I'd also like to know [의문사+주어+동사].
❻ 마무리	Thank you for your answers.

MP3 10-49

 [면접관의 집] I have a house in the U.S. Now, please ask me three or four questions about my house.

▶ 자가 답변 녹음 (1분~1분 30초) → 답변 확인: p.57

MP3 10-50

 [자전거] I have one bicycle. Please ask me three or four questions about my bicycle.

▶ 자가 답변 녹음 (1분~1분 30초) → 답변 확인: p.193

MP3 10-51

 [좋아하는 음악 장르] I also like to listen to music. Ask me three or four questions about my favorite kind of music.

▶ 자가 답변 녹음 (1분~1분 30초) → 답변 확인: p.195

MP3 10-52

 [지난 여행] I took a trip recently. Ask me three or four questions about the trip I took.

▶ 자가 답변 녹음 (1분~1분 30초) → 답변 확인: p.195

14 / Role-play: 제3자에게 전화로 질문하기

➡ 답변 패턴

❶ 인사	Hello. This is 이름.
❷ 전화 목적	I'm calling about [명사형].
❸ 질문 1	First, [의문문]?
❹ 질문 2	And, [의문문]?
❺ 질문 3	I'd also like to know [의문사+주어+동사].
❻ 마무리	Thank you for your answers. Bye.

(MP3 10-53)

Q₁ [수업 참여에 대한 질문] **You want to take a certain class. Call the professor and ask three or four questions about the class.**

▶ 자가 답변 녹음 (1분~1분 30초) → 답변 확인: p.196

(MP3 10-54)

Q₂ [공원가기에 대한 질문] **You want to go to a park with your friend. Call your friend and ask him three or four questions to make a plan to go to the park.**

▶ 자가 답변 녹음 (1분~1분 30초) → 답변 확인: p.198

(MP3 10-55)

Q₃ [영화 티켓 예매에 대한 질문] **You want to watch a movie with your friend. Call the movie theater and ask three or four questions to book the movie tickets.**

▶ 자가 답변 녹음 (1분~1분 30초) → 답변 확인: p.200

(MP3 10-56)

Q₄ [파티 준비에 대한 질문] **You are going to help your friend prepare for a party. Call your friend and ask three or four questions about the party.**

▶ 자가 답변 녹음 (1분~1분 30초) → 답변 확인: p.202

(MP3 10-57)

Q₅ [구입할 물건에 대한 질문] **You want to buy a new t-shirt. Call the clothing store and ask three or four questions about a t-shirt.**

▶ 자가 답변 녹음 (1분~1분 30초) → 답변 확인: p.204

15 / Role-play: 상황 설명 후 대안 제시하기

답변 패턴

❶ 인사	Hello. This is 이름.
❷ 전화 목적	I'm calling about [명사형].
❸ 상황 설명	I'm sorry, but 상황 설명[주어+동사].
❹ 대안 1	So, I wonder if [주어+could+동사].
❺ 대안 2	Or, could [주어+동사원형]?
❻ 마무리	Please tell me what you think.

MP3 10-58

Q₁ [수업 결석 상황에 대한 문제 해결] **You cannot attend an important class tomorrow. Call your professor and discuss what you can do.**

▶ 자가 답변 녹음 (1분~1분 30초) → 답변 확인: p.197

MP3 10-59

Q₂ [약속 취소 상황에 대한 문제 해결] **You planned to go to a park with your friend, but you can't go to the park because it is raining heavily. Call your friend, explain the situation and offer two or three alternatives.**

▶ 자가 답변 녹음 (1분~1분 30초) → 답변 확인: p.199

MP3 10-60

Q₃ [예매가 잘못 된 것에 대한 문제 해결] **You booked two movie tickets, but you've just found out that you booked the wrong tickets. Call the movie theater, explain the situation and discuss what you can do.**

▶ 자가 답변 녹음 (1분~1분 30초) → 답변 확인: p.201

MP3 10-61

Q₄ [파티 준비를 도와주지 못하는 상황 문제 해결] **You can't help your friend prepare for the party because you are sick. Call your friend, explain the situation and offer two or three options to resolve the problem.**

▶ 자가 답변 녹음 (1분~1분 30초) → 답변 확인: p.203

MP3 10-62

Q₅ [구입한 물건에 문제가 있는 상황 해결] **You bought a t-shirt, but you just found out that the size is wrong. Call the store, explain the situation and resolve the problem.**

▶ 자가 답변 녹음 (1분~1분 30초) → 답변 확인: p.205